山古志の心にふれる

2004 年新潟県中越地震から 20 年を前に
脊髄損傷になったフィールドワーカーの視点

坂田　寧代
Sakata Yasuyo

まえがき

　山古志村（2005年4月、長岡市に編入合併）は2004年10月23日（土）午後5時56分に大規模な地震に遭遇した。新潟県では新潟県中越大震災、気象庁では2004年新潟県中越地震と命名された。阪神・淡路大震災（1995年1月17日（火）午前5時46分発生）が都市型の大規模地震であることに対し、地盤災害を特徴とする農村型の大規模地震であった。当時は東日本大震災（2011年3月11日（金）午後2時46分発生）とそれに伴う東京電力福島第一原子力発電所事故は起きておらず、中山間地域、とくに過疎が深刻な地域が大規模地震に被災し、そこからの復旧・復興が大きな注目を集めた。

　山古志村では長島忠美村長による全村民に対する避難勧告、それに続く避難指示が発令され、村民が自衛隊のヘリコプターで避難する姿が報道された。また、山の斜面が崩壊して川をせき止めたため天然ダムのようになり上流にある家々が水没し、日に日に水かさが増して飲み込まれていくさまや、牛がコンテナに入れられヘリコプターで吊り下げられて救出される場面も多くの国民が固唾をのんで見守った。

　ただ、筆者が中越地震後の研究として山古志に関わることになったのは自ら志願してのことではない。新潟大学農学部の有田博之教授を代表とする研究プロジェクトから抜ける教員の代わりとして声を掛けられたことがきっかけだった。山古志への初訪問は2006年5月で、土砂崩壊後の赤い斜面よりもブナの眩しい新緑と木々の花々のむせかえるような

甘い香りが強く記憶に残っている。また、中越地震当時は石川県立大学に勤務しており、その揺れを直接体験したわけではない。地震に遭遇した体験を探すなら、阪神・淡路大震災の発生時に京都大学農学部2年生であり、下宿していた古民家で揺れを経験したことぐらいである。あまり積極的とは言えない関わりによる後ろめたさがいつも心のどこかにあった。研究といっても「共感をもって寄り添う」というより、単に研究対象として「冷たく記述」しているに過ぎない実感があった。今でもその思いが払拭されたわけではない。

　しかしながら、筆者自身、2022年2月26日（土）にソリ滑りをしていて山古志からドクターヘリで長岡市内の三次救急病院へ搬送され、脊髄損傷の診断を受けて深夜に緊急手術を受けるという事態に遭遇し、災害や事故に遭遇するということがどのようなことなのか、わずかながら感じることができるようになったように思う。今回、書籍としてまとめようと考えたのは、水没していく木籠集落のリーダーであり、牛の救出の立役者である故 松井治二さんから、生前、「先生、いつか山古志のことを本にしてくださいよ」と言われながら、今日まで果たせずにいる心のつかえがあることにもよる。松井治二さんは、長島忠美衆議院議員のご逝去からほぼ2年前の2015年8月19日にお亡くなりになった。筆者が新潟大学に着任した2012年からご逝去の2015年まで、聞き取り調査だけでなく学会大会での講演や現地研修での応対を快く引き受けてくださり、大変お世話になった。卒論テーマとして山古志木籠ふるさと会について取り組んだ2013年度の卒論生が木籠集落の交流施設「郷見庵」でアコーディオンカーテンに投影して発表させていただいた際、たった一人聞いてくださり、ひと言「良かったですよ」と静かに感想を述べてくださったことは、今思えば非常に得がたいことだった。2015年5月

30 日（土）、苦しい闘病中にもかかわらずご自宅に招いてくださり、「先生は 10 年後（2024 年）の山古志を見届けてください」と言われたその言葉を胸に、多くの卒論生とともに山古志に通い続けてきた。

　2020 年秋に闘牛オーナーとなるご縁に恵まれ、さらに縁あって 2021 年度は新潟大学の研修制度で 1 年間の山古志滞在の機会を得た。その終盤に大怪我をして 3 カ月間の入院生活を送り、再び山古志に 1 年間、2023 年 5 月末まで滞在した。現在は長岡市市街地で在宅勤務を主としながら、新潟市内にある新潟大学に対面授業で通い、山古志にも調査で向かうことができている。新潟大学農学部の事務担当者や同僚、関係各位の多大なご協力のおかげであり、ここに記して心より御礼申し上げたい。

本書の構成は、以下のようである。

　第 1 章は、2 年間の山古志滞在における所感である。1 年目（2021 年度）の滞在では、山古志の闘牛大会に出場するすべての闘牛が共同で飼育されている牛舎において、給餌・排泄処理作業の一部を体験したり、イベントに関わったりすることを目的に研修を行った。受傷後、2 年目（2022 年度）の滞在では、山古志闘牛会と山古志木籠ふるさと会の会員からの声掛けや、自然環境による癒やしを受け、SDGs などにおいて重要項目となっている包摂と安寧を経験した。

　第 2 章は、中越地震後に地域住民が主体となって活動してきた団体の取り組みについて、仮設住宅からの最後の帰村の 2008 年末から 10 年ほど経ち、復旧・復興が一段落した 2017 年までの様子をまとめ、復旧・復興が農村伝承文化を軸とした住民主体の活動によって成し遂げられたことを示し、両団体が全体に占める位置付けを示した。

　第3章は、山古志木籠ふるさと会の設立経緯や活動内容をとくに松井治二さんの思いを中心にまとめ、会員特性からみた持続要因について分析した。さらに、松井治二さんが先導した水没家屋の保存、東竹沢小学校跡地の整備、被災地間交流の3本柱を詳述した。被災地間交流は、郷見庵の管理運営を担っている松井治二さんのご令嬢に継承されている。

　第4章は、山古志木籠ふるさと会が年に4回発行している「ふるさと便り」に筆者が執筆した文章からいくつか選んで転載した。ふるさと便りの執筆・編集は避難所時代から関わっている高校教員が主に担当しており、住民への共感をもとにした柔らかい文章が心がけられている。筆者の執筆部分からはふるさと便りの良さを十分には伝えられないが、行事の内容を軽いタッチで伝えることを意図した。

　第5章は、山古志闘牛会の設立経緯や活動内容をとくに松井治二さんの思いを中心にまとめたあと、ご逝去後はご子息が会長となって山古志の心ともいえるアイデンティティが継承されていることを示した。

　第6章は、山古志木籠ふるさと会と山古志闘牛会の要となっている2名の女性を中心に関係する人物の素描を行った。松井治二さんを取り巻く人物関係を知るうえで本章から読まれるのもよいかもしれない。

　第7章は、山古志小中学校の学区外就学特例校化と寮の整備に関する提案を記述した。山古志小中学校の児童・生徒数の今後ますますの減少が予想されているなかで、地域存続の切り札として、故 長島忠美復興副大臣が構想していた案を紹介しながら、筆者の素案を披瀝した。

　補足資料として、筆者の研究スタンス、および、山古志闘牛会と山古志木籠ふるさと会に関するエッセイ的読み物を掲載した。

　もうすぐ、その 2024 年 10 月 23 日（水）がやってくる。松井治二さんをはじめ、先人の墓前に供えられるほどのものではないかもしれないが、地震から 20 年という節目の年を迎えるにあたり、山古志の皆さんから受けたご恩に報いるものになれば幸いである。

　なお、本研究の一部は、JSPS 科研費 JP20K06293、令和 3 年度「女性研究者開花プラン」支援事業、および、（一社）土地改良建設協会の平成 29 年度国営事業地区等フィールド調査学生支援事業の研究助成を受けた。

目　次

まえがき ……………………………………………………… 3

第1章
山古志の空き家に2年間住み込んで初めて見えてきたこと …… 11
1.1　1年目（2021年度）の滞在：山古志闘牛会のチームワークの良さ、大きな家族のような山古志木籠ふるさと会 ………… 12
1.2　2年目（2022年度）の滞在：受傷後に感じた山古志の人びとの優しさ ……………………………………………… 24

第2章
農村伝承文化を軸とした中越地震後の住民主体の活動 ………… 35
2.1　研究の背景と目的 ……………………………………… 37
2.2　調査の概要 ……………………………………………… 40
2.3　伝承文化を通じた災害復興における社会集団の編成事例… 43
2.4　災害復興における伝承文化の重要性 …………………… 52
2.5　「文化の伝承」を目的とした事業の提案 ……………… 54

第3章
むらの人もまちの人も一緒に楽しむ山古志木籠ふるさと会 …… 57
3.1　伝統行事を介した震災復興のコミュニティ再編 ………… 59
3.2　震災復興のコミュニティ再編における外部者の編入 …… 70
3.3　都市農村交流団体の会員特性からみた持続要因 ………… 82

3.4　都市住民と協働した農村地域における災害復興モデル　…　93

第4章

山古志木籠ふるさと会の「ふるさと便り」から　………………　111

4.1　2021年度：コロナ禍、受傷前　………………………………　114

4.2　2022年度：コロナ禍、受傷後　………………………………　118

4.3　2023年度：5類感染症に移行後、受傷後　……………………　122

第5章

1000年の歴史をもつといわれる山古志「牛の角突き」　………　125

5.1　伝統行事「牛の角突き」復活後の地域外者の地域への参画…　129

5.2　伝統行事「牛の角突き」にみるアイデンティティの継承……　141

第6章

山古志木籠ふるさと会と山古志闘牛会の要となる人びと　……　171

6.1　山古志木籠ふるさと会の要、松井智美さん　……………　173

6.2　山古志闘牛会の要、関静子さん　………………………　178

6.3　山古志木籠ふるさと会と山古志闘牛会の陰の功労者、石井秀次

さん　………………………………………………………　181

第7章

山古志小中学校の学区外就学特例校化と

寮の整備に関する提案　………………………………………　183

7.1　山古志小中学校の学区外就学特例校化に関する提案　…　184

7.2　寮整備に関する提案　……………………………………　186

7.3 長島忠美復興副大臣の遺志 ………………………………… 190

7.4 米百俵の地・長岡から、次世代の育成を先導する …… 191

補 足 ………………………………………………………… 193

補足1 農業農村工学会誌「私のビジョン」：農村の論理や知恵を
読み解く ………………………………………………… 194

補足2 農村計画学会誌「土のこえ」：瞽女と博労の旅路に
思いを馳せて ………………………………………… 203

あとがき ……………………………………………………… 206

補 遺 ………………………………………………………… 208

初出一覧 ……………………………………………………… 209

第1章
山古志の空き家に2年間住み込んで初めて見えてきたこと

▌▌ 1．1　1 年目（2021 年度）の滞在：山古志闘 牛会のチームワークの良さ、大きな家族 のような山古志木籠ふるさと会 ▌▌

1．1．1　はじめに

　新型コロナウイルス感染症を経験してテレワークなどの新しい働き方 や暮らし方が普及してくるなかで田園回帰や二地域居住などの農村地域 へ向かう新たな人の流れが生まれている。筆者は新潟大学の研修制度に 応募して 2021 年 4 月から 1 年間の予定で長岡市山古志地区（旧・山古 志村）に移住し、そうした流れの一人となった。

　本報では、コロナ禍という特殊な状況下での都市農村交流について農 村生活者の視点から観察した内容を、①大学生と地域との交流、②農村 伝承文化における対応、③地域交流拠点における社会関係の 3 点から整 理し、農業農村整備について考察する。以下では、体験記録を生データ のようにして綴る。筆者の感想が地域づくりを考えていくうえで地域社 会の内部と外部をつなぐ径路を開くと考えるためである。

1．1．2　移住の経緯

1．これまでの通い調査による研究

　2012 年 4 月に新潟大学農学部に着任後、2004 年に新潟県中越地震（以 下、「中越地震」という）で被災し復旧・復興を遂げた山古志地区を中 山間地域のモデルと見なすことができると考え、住民主体の団体活動を

調査してきた[1]。

　具体的には、山古志の伝統野菜である神楽南蛮（唐辛子の一種）を栽
培しピーマンなどとの交配から系統を守り伝えようとする団体、全校生
徒が数十名となった小学生に対して放課後に集まる場を提供する団体、
中越地震による転出や高齢化で盆踊りなどの行事の継続が難しくなった
集落を応援する団体、さらには、伝統行事「牛の角突き」という闘牛を
執り行う団体などである。

2．牛のオーナーになり新潟大学の研修に応募

　これらの団体が催す行事に学生とともに参加したり関係者に聞き取り
をしたりして研究を進めてきた。通い調査では関係者の信頼を得て本音
を聞けるよう、頻繁に足を運ぶように努めてきたが、近年は表層的研究
に留まっているのではないかという行き詰まりを感じていた。そうした
なか、闘牛のオーナーにならないかと誘いを受けた。それまでは客観的
研究を心掛け、地元の活動に進んで加わることは避けてきた。しかし、
輪に加わることで見える世界があると考え、2020年秋に岩手から導入
されたばかりの若牛のオーナーとなり、山古志闘牛会の会員となった。

　折しも、大学における2021年度の研修の募集があり、山古志に移住
し闘牛に携わる内容で申請したところ採択された。基本的な授業や学内
外の業務を関係者に交代し、研修・研究に専念することとなった。ただ
し、研究室に配属された学生の指導は遠隔ながら続けることとし、一部
の授業も担当することとした。

1．1．3　授業での学生と山古志の関わり

1．3年生の農村空間デザイン演習

　大学生と地域との交流として、筆者が担当した農村空間デザイン演習での関わりが挙げられる。本演習は計画づくりについて座学で学ぶほか、3日間の現地調査をもとに計画づくりを行う。2021年度は3年生を中心に12名が履修した。

　6〜7月に実施した現地調査では、やまこし復興交流館おらたるの見学から始め、中越地震で水没した木籠集落に新潟県中越大震災復興基金をもとに建てられた直売所兼震災資料館の「郷見庵」を中心に集落住民に対してグループ別に聞き取りを行った。さらに、元村長が私財を投じて自ら花壇づくりに励んでいる薬師の杜で元村長に当時の村づくりの話を聞き（写真1-1）、豪雪という過酷な環境にある小さい村ながらも村民が力を合わせて牛の角突きや錦鯉などの伝統文化を育んできたことを知った。グループで作成した計画とは別に提出を求めた個人レポートには、元村長の熱意に感銘を受けたという意見があった。学生の心に元村長の思い

写真1-1　薬師の杜での元村長の青空講義
（2021年7月17日撮影）

が刻まれたことは、大学教員としても、地域研究を行う身としても、嬉しいことだった。

　また、木籠集落で受けた温かい対応にお返しをしたいと考えた一人の学生は、毎年、地震発生日の 10 月 23 日に山古志木籠ふるさと会（以下、「ふるさと会」という）が郷見庵で開いている復興感謝祭に、所属する大学の落語研究部の仲間とともに再訪して落語を披露した（写真 1-2）。コロナ禍にあって行事の中止を余儀なくされてきたふるさと会にとって、学生が復興感謝祭に参加して場を盛り上げてくれたことは大いに好意的に受け止められ、地方紙にもその様子が写真付きで紹介された[2]。

写真1-2　郷見庵での新潟大学落語研究部による落語会
（2021年10月23日撮影）

2．2年生からの面談希望

　新潟大学農学部では、改組によって、2017 年度の入学生から五つのプログラムより一つのプログラムを 2 年生の半ばに選択するように変わった。プログラム選択に迷っている分属前の 2 年生から、筆者の研究を知りたいと面談を希望するメールを 5 月末に受けた。オンラインで面談し筆者が牛のオーナーとなり山古志に住み込んで闘牛大会に出場していることを話したところ、数名の学生が興味を持ち実際に闘牛大会に足

を運んでくれた。終了後に彼女らに声を掛けると、筆者が牛を引き回す姿が格好良かったと興奮気味に話してくれた。その後に行われたプログラム分属で当学生の所属が筆者の所属プログラムとなっていたことから、多少の関係があるかもしれないと希望的観測を抱いている。

　農村空間デザイン演習を履修した３年生や、研究室の４年生のなかにも、闘牛大会に遠路足を運んでくれた学生がいた。筆者の研究室への配属を希望する３年生の数も例年より増加した。大学と地域との連携の重要性を学生教育の面でも、日頃お世話になっている地元への返礼の面でも再認識している。

　なお、大学教員が住み込んで闘牛や郷見庵の店番に携わっている様子は地方紙に掲載され[3]、記事を読んだと闘牛大会や郷見庵で複数名に声を掛けられた。

1．1．4　山古志闘牛会での活動

1．牛舎作業

　山古志では闘牛大会に出場する60頭近くの牛すべてが１棟の牛舎で山古志闘牛会会長１名によって飼育されてきた。オーナーは朝晩の作業に携わる必要はないが、筆者は研修・研究の一環として作業の一部を経験した。

　４月に引っ越して最初の２カ月間は毎日朝晩の作業に通っていたが、体力的問題からそれ以降は晩のみに減らした。作業は給餌・排泄処理であり、ヒヤッとしたこともあったが、飼育者の苦労の一端を垣間見るとともに、牛の生態に触れる貴重な時間だった。

　担当したのは全体の作業のわずかな部分であるうえ、経営には関わっ

ていないため本当の苦労は分からないが、それでも異業種を経験できたことは今後の教育・研究に生かせると確信している。

2．山古志闘牛場のライトアップのイベント

　1 年に 10 回以上開催される闘牛大会や、闘牛大会の 10 日ほど前に深夜にわたって開催される取組審議会に皆勤できたのも生活拠点が山古志にあったからこそである。

　なかでも印象深いのは、コロナ禍で従来の半数以下にまで落ち込んだ集客数を少しでも回復するため初めて取り組んだ山古志闘牛場のライトアップのイベントである。長岡まつり大花火大会にあわせ 8 月 2 日、3 日に闘牛大会が開催予定だったが、コロナ禍による花火大会の中止に伴い闘牛大会も中止となった。代わりに山古志闘牛場場内をキャンバスに見立て、2,000 本近くの LED ライトによって「満月に牛」という絵を浮かび上がらせた（写真 1-3）。

　原画は日展にたびたび入選している山古志闘牛会の会員である日本画家が描き、設置と撤収の作業は、山古志闘牛会だけでなく、地域のスポーツクラブのほか、普段から闘牛大会の会場設営を手伝っている長岡市市

写真1-3　山古志闘牛場のライトアップ「満月に牛」
（2021年7月31日撮影）

街地の高校生や闘牛の熱烈なファンの小学生など、大勢が集まり無償ボランティアで行った（写真1-4）。

　研究室の4年生も参加し一緒に汗を流すなかで普段の聞き取りでは

なかなか聞けない話
を聞かせてもらった
り、自ら仕事を見つ
けて我先に働く参加
者の姿に大いに刺激
を受けたりしてい
た。炎天下の作業を
終えて日が暮れ徐々
に光が灯り始める
と、達成感に浸って
いる様子だった。

写真1-4　山古志闘牛場のライトアップの設置作業
（2021年7月31日撮影）

3．闘牛大会

　闘牛大会での経験も記しておきたい。闘牛大会で自分の牛が出場するときの気持ちをある女性のオーナーは「わが子の運動会を見ている気持ち」と表現していたが、筆者も自分の牛が初場所を踏んだときには、居たたまれない気持ちだった。別の女性のオーナーは「怪我をしないか、ちゃんと突いてくれるかドキドキする」と言っていたが、牛を持つ前と持った後とではその言葉の受け止め方が異なるように思う。

　また、牛と牛の闘いを引き分けるのがこの地域の闘牛の最大の特徴だが、闘いの後に自分の牛の綱を持って場内を引き回し、観客の拍手を浴びる。御神酒と塩で場内を浄めた後は女性が入ることはできない慣わし

だったが、2018年に初めて女性による引き回しが実現した。実際に筆者も経験することで、「場内で女性も引き回しをできるようになった」と聞いていたことが色鮮やかに感じられるようになった。実体験の重要性を改めて感じている。伝統とは、結束とは、つながりとは何か。輪に加わるなかでわずかでも感じるところがあった。なお、山古志闘牛会での活動については、農業専門紙に寄稿した[4]。

1.1.5　郷見庵での出会い

1.　定年後の生きがいとしてのふるさと会

　郷見庵での店番を通じた出会いについても記しておきたい。コロナ禍にもかかわらず、多くの集落住民以外のふるさと会会員が足しげく郷見庵に通っていた。

　店番を手伝いに来る人、自分の畑で作った野菜を出品しに来る人だけでなく、郷見庵の裏に集落の共同畑としてつくられた畑の植え付けに手伝いに来る人、神社や郷見庵の敷地内の木々の剪定や冬囲いをしに来る人、ふるさと会が共同作業する水田の補植やヒエ取りなどの日常管理をしに来る人、郷見庵の売り物を包装するために、廃棄予定のカレンダーやポスターを使ったエコバッグをつくって届けに来る人など、定年後の生きがいとして足を運ぶ人が多いことは驚きだった。

2.　集落住民以外のふるさと会会員と集落住民との協力関係の醸成

　なかでも印象的だったのは、老夫婦二人暮らしの一人が亡くなった後いくらもしないうちに集落住民以外のふるさと会会員がその女性を郷見庵に連れ出して思いの丈を存分に話させていたことである。郷見庵で集

落住民とともに女性を囲んで耳を傾ける光景からは、集落住民どうしが大きな家族というだけでなく、ふるさと会会員も含めて家族という関係性が築かれてきたのだと印象付けられた。高齢者の通院や書類の手続きなど、親族が駆け付けられないときは集落住民が助け合っているが、ふるさと会会員も含めて協力関係が築かれているのは素晴らしいことだと思う。

　ふるさと会、郷見庵、いずれも設立・建設から10年余りが経ち、事務局の世代交代などの課題も抱えてはいるが、ふるさと会会員相互の関係性はそれだけの年月を経たものになっている。コロナ禍という緊急事態だからこそ、この関係性が際立ち、つながりの量もさることながら、質の大切さが改めて感じられた。

1.1.6　農業農村整備に関する考察

1.　住民活動を支援する農業農村整備の重要性

　以上の経験から、今後の農業農村整備について考えてみたい。まず、これまでに農村整備で取り組まれてきた集会所や交流施設などの農村環境施設、生活道路などの農村環境基盤といった基本的な整備の重要性は従来と変わらず、その継続が強く望まれる。都市からの来訪者を農村に迎え入れるうえでもこうした基礎的なインフラ整備が欠かせないことは論を俟たない。

　農村人口が減少し、その発言力が弱まる趨勢のなかで、異なる価値観を持つ都市住民と農村住民がお互いに理解し合うことが重要である。その効果はすぐには発現しなくともふるさと会会員の協力関係に見られるように時間の流れのなかで醸成され結実することを期待したい。そのた

めに、住民の主体的な取り組みを応援することならすべて行うという気概を持って政策立案や現場の技術開発など、農業農村整備に向き合うことが大切なように思われる。

2．山古志を例にした農業農村整備の提案

(1) 山古志闘牛場の再整備

　具体的にはたとえば山古志で考えると、山古志闘牛場の再整備が挙げられる。天候に左右されないためには全天候型ドーム式の闘牛場とすることを望む声が聞かれる。昔から雨の日の角突きは見逃すなと伝えられるほど、雨天のときには牛どうしの激しい闘いや、引き分ける勢子の技を目にできると言われているが、常連客より初見客のほうが多い現状では、雨天のときに客足が鈍ることは経営に悪影響を及ぼしてしまう。観光に力を入れている沖縄県のうるま市石川多目的ドームは2007年[5]に全天候型ドーム式闘牛場[6]を整備している。こうした整備を農業農村整備で実施できれば、観光振興や交流人口・関係人口の増加に役立つと考えられる。

(2) 郷見庵の修繕と機能強化

　施設整備でいえば、郷見庵のような交流施設の修繕や機能強化も重要である。郷見庵では豪雪に備えて施設の外壁に落とし板をはめる冬囲いをしたり、下屋やテントを撤去したりする。雪により経年劣化は早く進むと思われるため、定期的な修繕が必要である。また、青空のもと歓談できるよう、テントの下に椅子や机を並べているが、雪が消える春に設置し、雪が降る前の秋に撤去する作業は、冬囲いの作業とあわせて、会員の高齢化が進むなかで年々負担となっており、施設の機能強化が望まれる。郷見庵はふるさと会会員が出品した野菜などを来訪者が購入でき

る直売所として、また、ふるさと会会員が行事で集まる場として、さらには、中越地震の展示資料を見て防災意識を高める場として、農村住民と都市住民が交流できる貴重な場であることから、そうした施設の維持管理を適切に進める支援が必要である。

(3) 大学教員の活動拠点の整備

　さらには、大学教員が活動拠点を農村地域に置き、教育・研究に生かすうえでの支援も農業農村整備の一環として考える余地がある。農村地域が抱える問題を大学生と大学教員が体験し、ともに考え提案につなげる場が担当部署間の壁を乗り越えて整備されればよい。

1.1.7　おわりに

　わずか半年余りの筆者の経験をもとに山古志を例として農業農村整備に対する考えを述べてきた。農村地域に居住しているといっても農業や畜産業に従事して生計を立てているわけではないため、農村生活の本当の厳しさは推測の域を出ない。価値観や考え方、立場の違いを感じる機会も少なくない。しかしながら、だからこそ、都市住民が二地域居住などで農村地域に居住し、その価値観に飛び込んでお互いに歩み寄る意義も大きいように思う。

　農村地域に居ながらにしてオンライン授業を行えるようになったアフター・コロナに大学が農村地域に果たす役割は大きくなっているだろうし、農業農村整備が担えるフィールドも膨らんでいるにちがいない。

【引用文献】

1) 坂田寧代：農村伝承文化を通じた災害復興における社会集団の編成 − 2004 年新潟県中越地震を事例として−，農業農村工学会論文集 308, pp. I_99 〜 I_104（2019）

2) 新潟日報 2021 年 10 月 24 日朝刊 17 面「中越地震 17 年／感謝と備え 忘れない／住民と支援者が交流−長岡・木籠−」

3) 新潟日報 2021 年 10 月 15 日朝刊 20 面「中越地震 17 年／木籠で生活 魅力を実感／山古志で復興や地域づくり研究−新大准教授・坂田さん」

4) 農業共済新聞 2022 年 1 月 1 週号 2 面「価値の創造に挑む山古志の闘牛」

5) うるま市：いいなぁうるま市／闘牛を観戦しよう！，
https://www.city.uruma.lg.jp/sp/iina/2394（参照 2021 年 12 月 6 日）

6) うるま市：うるま時間／闘牛，
https://urumajikan.com/bullfighting/（参照 2021 年 12 月 6 日）

1.2 2年目（2022年度）の滞在：受傷後に感じた山古志の人びとの優しさ

1.2.1 研究の背景と目的

2022年2月26日の日没間際、筆者は救急隊に雪原から救出され、救急車とドクターヘリで中山間地域である新潟県長岡市山古志地区から長岡市市街地の三次救急病院に救急搬送された。同地区に4月から1年間滞在す

写真1-5　節分の日の豪雪（2022年2月3日撮影）

るという長期出張が終わりに差し掛かった頃の出来事だった。連日続いた豪雪（写真1-5）にも終わりの兆しが見え、雪掘りの毎日が一段落した安心感からか、ソリ滑りに興じていて川底に強かに打ち付けられ、腰から下がまったく動かなくなるという大怪我を負った。

　「ソリ滑りを大の大人がするなんて」「滑り方も知らない身で」という謗りを免れない不注意さによって、地元の方々や研究機関・大学の関係各位に多大な迷惑を掛けてしまったことを、最初に心よりお詫び申し上

げたい。これを記すことで、さらに迷惑を掛けてしまうこともあり得る
なかで、それでもなお記そうと考えたのは、筆者自身が農村の良さを表
したいと思いフィールドワークに入ったことが大きい。農村に住む人び
とや自然環境がもつ癒やしを身をもって体験したことを当事者として記
録することは、農業農村整備に関する政策・技術を考えるうえで、何か
の足しになると考えたためである。

　本報では、受傷後の障害受容において当事者として感じた農村の包摂
（Inclusion）と安寧（Well-being）を示すことで、「農村の良さとは何か」
を提起するとともに、農業農村整備に関する所感を示す。

1.2.2　山古志の人びとの温かさによる癒やし

1.　山古志への移住経緯

　筆者は 2012 年 4 月に新潟大学農学部に着任以降、自らの研究活動や
卒論指導などを通して山古志地区に通い、2004 年新潟県中越地震後の
住民による主体的な活動を調査してきた。同地震の発生からは既に 20
年近くの年月が経過し、地震や豪雨などの自然災害が頻発し、近年では
コロナ禍も長期化するなかで、同地震は人びとの記憶から薄れ、風化し
ていることを否めない。いつまでも同じ地区を対象として調査すること
の行き詰まりも感じていた。そうしたなか、2020 年秋に任意団体の山
古志闘牛会の闘牛オーナーとなったことをきっかけとして、新潟大学の
研修制度による滞在の機会に恵まれた[1]。滞在中は、闘牛大会に参加す
るのみならず、牛舎での飼育を体験することにより、伝統行事「牛の角
突き」の習俗にわずかながらでも触れることができた。また、同地震で
水没した影響により、10 世帯ほど 10 名余りにまで落ち込み、大部分が

高齢者である、いわゆる「限界集落」の空き家に単身で住み込んだ。同集落には山古志木籠ふるさと会という任意団体が結成されており、活動に参加するほか、その活動拠点である交流施設「郷見庵」に出向いて、そこに集まる人びとに話を聞かせてもらうこともあった。

2．脊髄損傷に関する医師の告知

　そうした日々を過ごすなかで事故は起きた。搬送先の病院では深夜に緊急手術を受けることができたが、週明けに受けた執刀医の告知では、脊髄損傷のため、落ちたときの損傷具合でどこまで回復するかがほぼ決まることや、今後の生活は車椅子となる可能性があることを知らされた。術後の痛みのなか、当分の間は、自分の置かれた状況を的確に把握することはできなかったが、術後1週間経たないうちにリハビリが開始され、車椅子への移乗や、平行棒につかまり立つ練習をするなかで歩けなくなったことを自覚することとなった。また、3月半ばに地震が起きて高層階の揺れに遭遇し、ベッドから一歩も出られない際には大きな恐怖を感じた。

3．山古志闘牛会と山古志木籠ふるさと会の心遣いによる入院期間における障害受容

　障害受容できない日々を過ごすなか、山古志闘牛会からSNSで応援メッセージの写真が届いた（写真1-6）。コロナ禍で家族にすら自由な面会が叶わない時期に、どれほど心強く有り難く感じたか表現する術を持たない。また、山古志闘牛会や山古志木籠ふるさと会の会員は、日々、体調を気遣う連絡を届けてくれたり、リハビリ加療のため二次救急病院へ転院する際に手伝ってくれたりと、家族のような心遣いをいただいた。

3月下旬に転院してからは、歩行器、両杖、片杖による歩行訓練へと段階的に回復した。医療保険適用でリハビリ可能な受傷後半年間はリハビリに専念することを、主治医を含め周囲から強く勧められた。この期間に専念

写真1-6　山古志闘牛会から病院へ届いたメッセージ
（2022年3月12日撮影）

することが今後一生の動作を左右するため退院を焦らないようにという助言を受けたが、当初の見立てより回復速度が遅くなかったこと、受傷後半年までは外来リハビリに通院できることや、日常生活の実践がリハビリになるとのこともあり、最終的には、5月下旬の退院許可を得て退院することとなった。

4．農研機構農村工学研究部門と新潟大学による配慮

　退院できたとはいえ、片杖でヨロヨロと力なく歩く程度の歩行能力では身の回りのことを一人で完結することができず、茨城県つくば市で農研機構農村工学研究部門に通勤していた配偶者の職場の方々のご高配を賜り、在宅勤務という形で山古志に滞在して介助してもらうこととなった。筆者も同僚の多大な理解のもと、学内業務を負担していただきながら、講義・演習や卒論指導をオンラインを駆使しながら進めていくという形で1年間を過ごした。コロナ禍前のオンラインが未整備の時期なら

ば、叶わなかったことである。

　第2ターム（6、7月）に実施した演習の現地調査では、技術専門職員の支援を受け、車椅子で実施した。教職員では学生の安全確保の面で十分ではなかったかもしれないが、これも山古志木籠ふるさと会の会員のサポートを得て学生に安全に行事を体験してもらうことができた。

　本題から少し逸れるが、障害者差別解消法のもと学生教育の面で合理的配慮を試行錯誤していく局面で、たとえば、困難さを抱え演習等を受講する学生の気持ちを代弁できるような形で生かせるよう努めていければと考えている。

5．闘牛大会における習俗を脇に置いた厚い志

　退院してからは、月に1、2回開催される闘牛大会に研究活動の一環として参加した。闘牛オーナー（牛持ち）自身に病気や怪我があったり、身内に不幸があったりする場合は、「日が悪い」として闘牛の出場を見送る習俗がある。しかし、筆者の闘牛は2022年10回余りの闘牛大会にほぼすべて出場させてもらったうえ、重厚なコルセットを付けて柵際に立つ筆者を止めるどころか、取組（対戦）後の引き回しの代わりに闘牛を柵際まで引いてきて撫でさせてくれるなど、山古志闘牛会会員の厚い志を受けた。6月の闘牛大会の朝礼ではお詫びの言葉を述べたが、一人一人が車椅子の筆者のもとに寄ってきて掛けてくれた言葉をこの先忘れることはないと思う。また、闘牛大会のたびに「歩く形が良くなったね」「前より力強くなったね」と笑顔で声を掛けてくれ、できないことを先回りして準備してくれるなど、さり気ない気遣いに何より励まされた。

6.　木籠集落住民を含む山古志木籠ふるさと会会員のほか木籠集落出身者による励まし

　まだ気持ちが安定せず、人に積極的に会いたくない退院間もない頃、初めて山古志木籠ふるさと会の会員に会った際にも励まされた。受傷前は自宅で聞き取りをさせてもらっていた隣の集落の80代女性に郷見庵で会い、「大変だったのぉ。今度はオラが会いに来るすけ」と声を掛けられたときには、心がほどけてしまうほどだった。恒例行事の笹団子・チマキづくりにヒモとして使うスゲと呼ばれる萱の一種を取りに集まった会員からも温かい言葉を掛けてもらった（写真1-7）。また、筆者に負担を掛けないための配慮からか、退院後しばらくして借家に見舞いに訪れてくれる会員も少なからずいた。集落住民も、野菜のほか、銀杏や山菜などの山の幸を届けてくれたり、冬季に月1回集会所で開かれる、長岡市社会福祉協議会が主催の健康体操では、80代女性に「必ず完全に良くなってね」と力強く励まされ、意を強くしたりした。

　さらには、希少価値の高い自然薯が玄関先に置かれていて、置き主が分からないこともあった。半年後に判明したところでは、筆者が借家と郷見庵とをリハビリがてら往復する際に立ち話をした集落出身者が置いてく

写真1-7　山古志木籠ふるさと会会員に温かく迎えられる
（2022年6月12日撮影）

れたものだった。

「古志の火まつり」という高さ25mに及ぶ巨大な「さいの神」（各集落で小正月に行われる無病息災を祈るための伝統行事で、心棒を中心に藁や萱で組まれる円錐状のもの）（写真1-8）に火をつけ

写真1-8　古志の火まつりファイナル
（2023年3月11日撮影）

る行事が、1988年から続いたものの、2023年3月11日をもって休止されることとなった。点火後すぐに勢いよく火柱が上がった際に、普段から木籠集落でお世話になっている80代女性が「先生も良くなるよ」と腰を撫でてくれたときには溢れ出る涙を抑えることができなかった。

1.2.3　山古志の自然環境による癒やし

1.　雪解け後のまばゆい外界

　こうした農村に住む人びとから受けた様々な厚意による癒やしに加えて、自然環境にも癒やされた。たとえば、2023年の春先にこれを執筆している山古志の借家周囲の変化を描写すると、以下のようである。

　フキノトウが雪の下から顔を覗かせると、雪解けも間近だ。あっという間に白一色の世界から斜面には土肌が現れ、木々の若芽が柔らかな緑

を増してくる。山々の頂に若緑を見せるのはブナだ。川には雪解け水が
そこかしこから溶々と流れ込み、いつしか春が訪れる。覚束ない鳴き方
のウグイスはやがて競うように鳴き交わし、日曜大工と間違えそうな音
でキツツキの声がこだまする。遠くの道路には用心深く横断する子連れ
のタヌキが見える。道ばたの斜面を見上げるとカタクリや山野草が楚々
とした彩りを添えている。次第に山々の緑は頂上から下に降りてくる。
やがて山桜が咲き始め、ソメイヨシノより鮮やかな桃色が残雪とのコン
トラストを描く。名も知らぬ鳥たちが清らかな鳴き声を交わし、自然の
協奏曲が奏でられる。水仙が咲き始めると、蛙の鳴き声が緩やかになっ
た川面から心地よく聞こえてくる。

　帰宅して玄関を開けると一面にテントウムシが敷き詰められていた
り、どこからともなく侵入してくるカメムシと攻防したり、マムシやツ
キノワグマを警戒したり、さらには、ブヨなどの吸血虫から身を守れれ
ば、春夏秋冬、四季の彩りを感じることができる。星空の静謐さや、冠
雪した八海山連峰と澄み渡った空の碧さのコントラストはため息が出る
ほどである。ここには確かに自然環境のもつ人を癒やす力がある。

2.　倒木による停電にみる自然環境の厳しさと山古志の人びとの生き様

　一方で、自然環境の厳しさもまた、厳然として存在している。2022
年 12 月のクリスマス寒波では、倒木が相次いだ。倒木による停電は山
古志の各地で発生し、木籠集落も見舞われた。山古志体育館が避難所に
指定されていたが、筆者が訪れた際には誰一人避難していなかった。後
遺症から床に横たわれない筆者は早々に長岡市市街地のホテルへ避難し
たが、木籠集落の住民は集会所にいったん集まって反射式ストーブで暖

を取った程度で、暗闇の自宅で一晩を過ごし、翌日に山古志地区内の福祉施設で入浴したという。集会所に集まった際、「昔は大根にろうそくを挿して火を灯した。こうすれば倒れないから」と 80 代女性は生活の知恵を披露したようである。豪雪を相互扶助で生き抜いてきた経験や、2004 年新潟県中越地震の経験があるように思われる。

　「牛の角突き」にも見いだされることだが、闘牛を引き分けるときの勢子のチームワークに顕著にみられるお互いの助け合い、しかしながら、最後は独りで何とかする、自分のことは自分でするという気概があるように思われる。中越地震後に闘牛を陸路で救出し、肉用牛も含めた 200 頭余りの牛を民間ヘリコプターで救出するという大救出劇につなげた先代の山古志闘牛会会長、初代の山古志木籠ふるさと会会長は、聞き取りに訪れた筆者に生前次のように語った。「やれないなかからやるのが復興だ。やれるようになってからでは遅いんだよ」「うちらが伝統文化を救ったんじゃない。うちらが伝統文化に救われたんだよ」「やれることは幸せですよ」と。

3．アイデンティティを取り戻すための復職

　こうした言葉は、受傷から今日まで、筆者の気持ちを奮い立たせてくれた。入院中のリハビリにおいて、初期のリハビリが予後を左右することを知ってすら、痛みのなかではくじけそうになることも多かったが、「やれないなかからやる」ことの重要性を思い出して取り組むことができたように思う。また、病院のベッドに横たわり寝返りさえ自分では打てないなかでは、復職することなど到底無理に思えることもあり、周囲からは身体を第一に考えて離職することも勧められた。しかしながら、20 年余り積み重ねてきた時間を振り返るとき、仕事を続けることが自

らのアイデンティティを形成しているように感じられた。伝統文化を続けるなかで復興に前向きに取り組んでこられたという教えからは、復職がこれから先、生きていくうえで欠かせないように思われた。植田 [2)] が見いだした「回帰的な時間」を取り戻すためにも必要だったといえる。今、こうして執筆することができている「幸せ」を嚙み締めている。

1.2.4　包摂と安寧に関する考察

　以上のように、個人的な体験と批判される向きもあろうが、農村には他者を優しく包み込む、人や自然環境による包摂があるように思われる。これは、厳しい自然環境のもとでも、より良く生きる安寧から生み出されていると考えられる。これこそは、しばしば指摘される農村のもつ排他性や閉鎖性の対極に位置している、農村の良さだと思われる。こうした農村の良さが見いだされる一方で、農村の縮退化による生活環境の悪化が、地方自治体の財政難や市町村合併による効率化のもと、加速しているように思われる。

　山古志地区では公共施設等の統廃合がここ数年の間に進められている。2004 年新潟県中越地震後の路線バスの廃止に伴い、NPO 法人主導で住民からも会費を集めて運営しているコミュニティバスは、2023 年度からオンデマンド化が始まった。また、三つの診療所があり、山古志村出身の常勤医師が巡回して診察にあたってきたが、高齢化に伴う退任により、近隣の基幹病院からの医師派遣とオンライン診療の併用に 2023 年 1 月から移行した。唯一の保育園は 2021 年度から休園し、それに伴って小中学校の存続を心配する声も聞こえてくる。2023 年度からは公民館分館制からコミュニティセンター制へ移行し、それまで山古志

地区内の各地区で行われていた公民館分館による活動は存続するものもあるが、基本的には山古志地区全体に統合されることとなった。さらに、2025 年度からは長岡市山古志支所が現在の 2 課体制から 1 課体制へと移行することが予定されている。山古志地区に一つある福祉施設も来訪者の入浴サービスが 2023 年度から中止された。全体として、経費節減の流れのなかにある [3]。

　こうした公共機能の集約化や拠点整備は、限られた財源のもと「選択と集中」のうえ、やむを得ないとして甘受されてきた。農業農村整備の政策立案上も、そうした方向性に沿ってきたと認識している。ではどうしたら現況を打開することができるのか、具体的な提案を持ち合わせていない。大きな潮流に逆らうことは容易ではないが、ささやかながらも、そうしたうねりに抵抗する気概を個人としては持ちたい。恐らく、農村の良さ、すなわち、農村に住む人びとや自然環境がもつ包摂と安寧を発信することでしか、そうした潮流に逆らうことは筆者にはできないかもしれない。農村住民がより良く生きる安寧を農業生産の面からのみならず、生活環境の面からも守れるよう、微力ながら力を尽くしていきたい。

【引用文献】

1) 坂田寧代：コロナ禍に山古志への移住で考えた農業農村整備，水土の知 90(4)，pp.15 ～ 18（2022）

2) 植田今日子：なぜ大災害の非常事態下で祭礼は遂行されるのか－東日本大震災後の「相馬野馬追」と中越地震後の「牛の角突き」－，社会学年報 42, pp.43 ～ 60（2013）

3) 坂田寧代：コロナ禍における活性化に向けた住民の模索と公共機能の集約化，2023 年度農業農村工学会大会講演会，pp.501 ～ 502（2023）

第 2 章
農村伝承文化を軸とした
中越地震後の住民主体の活動

　山古志で有名なものは何かと問われ三つ挙げるとすれば、牛の角突き、錦鯉、棚田だろうか。伝統野菜である長岡野菜第1号として認定された神楽南蛮もあるし、「雪の恵みを活かした稲作・養鯉システム」として2016年に日本農業遺産に認定された景観も素晴らしい。近年では、Nishikigoi NFT を介したデジタル村民の動きも盛んである。

　いずれも甲乙つけがたいが、本章では、中越地震後に地域住民が主体となって活動してきた団体の取り組みについて、仮設住宅からの最後の帰村の2008年末から10年ほど経ち、復旧・復興が一段落した2017年までの様子をまとめる。復旧・復興が住民主体の活動によって成し遂げられたことを示すとともに、山古志木籠ふるさと会と山古志闘牛会が全体に占める位置付けを示すことも意図している。

2.1　研究の背景と目的

　有田[1] は、「歴史や風土とは、古学的に発掘されるような事実の断片とは異なり、地域に住み続けあるいは訪れる人たちによって形成され引き継がれた、精神的あるいは物的・肉体的な記憶の総体とでもいうべきものであろう。…（中略）…。私たちは、こうした対象への接近をこれまでほとんど無意識に避けてきたが、これらと対峙すること無しに、地域コミュニティや地域開発の今後を望見できないであろうこともまた確かであるように思われる」としている。歴史や風土といったものに向き合うことが今後の農村振興や災害復興において重要であると考えられる。

　そうしたなか、多面的機能は、「国土の保全、水源のかん養、自然環境の保全、良好な景観の形成、文化の伝承等農村で農業生産活動が行われることにより生ずる食料その他の農産物の供給の機能以外の多面にわたる機能」（食料・農業・農村基本法第3条）と定義されており、このなかには「文化の伝承」が挙げられている。

　「伝承」に似た用語として「伝統」があるが、石本[2] は「伝統が極めて政治的な存在」とし、「特定のイデオロギー等ではなく、一般の人々により創られ支えられてきた伝統」を「伝承と呼ぶことも可能であると思う」としている。

　山下・山本[3] は、「農村文化とは古く希少性がある『伝統』的な『文化財』であるから価値がある、とされてきたように思われる」とし、「農

村文化は、世代から世代へと受け継がれ、現在に『伝承』された文化である。これを伝統と捉えてしまうと、日々の生産・生活の場である農村において、文化が伝承され続けたことの『意味』が抜け落ちてしまう」としている。そのうえで伝承文化を、「地域住民が『暮らし』を通じて周囲の環境へ働きかけ、それにより環境を認知し、『心意』の中に位置づけ、受け継いだものを再編しながら後世へと伝え続けたものである」としている。

　「文化の伝承」に関連した研究として、農業農村工学分野では、学校教育の総合的学習や田園空間整備事業の側面から農業用水の伝統・文化継承機能を示した石田[4]の地域用水に関する研究のほか、農村地域からの「積極的な撤退」という問題提起のなかで、「拠点集落のなかでも文化の伝承を主な目的とする集落」を「種火集落」と位置付けた林[5]などがある。「文化の伝承」そのものを対象としたものとしては、「村がら」の伝承や環境管理の側面から体系的に論じた山下[6]のほか、水土文化に関する報告（広瀬[7]、山本[8]）などがある。

　一方、災害復興における「文化の伝承」の意義を論じた研究は、東日本大震災後の「相馬野馬追」と中越地震後の「牛の角突き」を事例として、「なぜ大災害の非常事態下で祭祀は行われるのか」を考察した植田[9]など他分野に多いが、事業を含めた考察はそれらの関心の外にある。

　そこで、本稿では、災害復興における「文化の伝承」の意義を明らかにすることを目的に、2004年新潟県中越地震（以下、「中越地震」という）で被災した長岡市山古志地区（2005年3月まで旧山古志村）の事例をもとに、災害復興における「伝承文化」を通じた社会集団の編成について示すとともに、事業提案を行う。本稿で用いる「伝承文化」は、地域（空間的広がり）の関係者に共有されている過去から現在さらに未来へと継

承される時間的連続性をもった文化的事象とする。

【引用文献】

1）有田博之：風土・歴史への眺望，農業土木学会誌 71(3)，pp.1 〜 2（2003）

2）石本敏也：伝統と伝承，農業土木学会誌 73(1)，p.45（2005）

3）山下裕作，山本徳司：農業水利施設に関連する農村伝承文化の実相と機能，農業
土木学会誌 71(3)，pp.19 〜 24（2003）

4）石田憲治：農業用水の多面的役割と多目的利用，農業土木学会誌 70(9)，pp.7 〜
10（2002）

5）林　直樹：過疎集落からはじまる戦略的な構築と撤退，農村計画学会誌 29(4)，
pp.418 〜 421（2011）

6）山下裕作：実践の民俗学 − 現代日本の中山間地域問題と「農村伝承」−，農山漁
村文化協会（2008）

7）広瀬　伸：水土と語られた歴史，農業土木学会誌 71(3)，pp.5 〜 10（2003）

8）山本徳司：水土文化への誘い（その8）− 水土文化の表し方 −，農業土木学会誌 74(10)，
pp.53 〜 58（2006）

9）植田今日子：なぜ大災害の非常事態下で祭礼は遂行されるのか − 東日本大震災後
の「相馬野馬追」と中越地震後の「牛の角突き」−，社会学年報 42，pp.43 〜 60（2013）

2.2 調査の概要

2.2.1 調査方法

　農村計画の事例調査について方法論を解説した有田[1]や、社会人類学におけるフィールド研究のあり方を示した中根[2]をもとに、調査は事例調査とし、参与観察・聞き取りの方法を採った。本稿は、2013〜2017年度の5年間のうちに6団体に対して行った調査結果を整理した。各団体に対する調査年度を表2-1に示す。参与観察は、行事などの機会を捉えて住民との心理的距離を縮めるよう努め、聞き取りは、各団体の主導者および関係者に対し、活動内容や設立経緯などについて行った。

表2-1　事例団体に対する調査年度

団体等	集落行事	営農組合	保存会	ふるさと会	闘牛会	やまっ子
範域	3集落	3集落	山古志	1集落	山古志	山古志
2013	○	○		○		
2014		○		○		
2015				○	○	○
2016				○		○
2017		○		○		○

注1）○は調査実施を示す。
注2）「営農組合」は「歩夢南平営農組合」,「保存会」は「山古志かぐらなんばん保存会」,「ふるさと会」は「山古志木籠ふるさと会」,「闘牛会」は「山古志闘牛会」,「やまっ子」は「やまっ子クラブ」を指す。

5年間の当該団体に関する現地調査日数は110日間である。なお、いずれの団体も本稿執筆の2018年時点で存続している。

2.2.2　事例の選定理由

　山古志地区は山間部に位置し、14集落が存在している。そのうち3集落で構成される三ヶ地区（池谷集落、楢木集落、大久保集落）と木籠集落、さらに山古志地区に結成された団体または集落連携を事例として選定した。全村避難指示が出された山古志地区のなかでも三ヶ地区と木籠集落は地盤災害による被害が甚大で、避難指示の解除が最も遅い2007年4月1日であったため、帰村は2007年末となり、避難生活は3年余りに及んだ。また、長期の避難生活は帰村住民の人口減少と高齢化に負の影響を与えた。いずれの集落も帰村後の2008年以降10世帯前後で推移しており、集落規模は小さい（表2-2）。

　帰村時期が最も遅く人口減少・高齢化が著しいこれらの集落の復興は、中

表2-2　長岡市山古志地区の対象集落の世帯数・人口

		2004年	2008年	2012年	2016年
池谷	（世帯）	35	18	15	14
集落	（人）	98	36	30	29
楢木	（世帯）	29	14	12	11
集落	（人）	110	52	46	36
大久保	（世帯）	20	10	9	8
集落	（人）	52	17	14	12
木籠	（世帯）	25	17	12	11
集落	（人）	67	39	25	19
山古志	（世帯）	681	502	472	436
地区	（人）	2,168	1,409	1,223	1,061

注）長岡市の住民基本台帳をもとに作成。2004年は9月末，それ以外は10月1日時点。これは，旧山古志村が2005年4月1日に長岡市に編入合併されたことによる。

越地震による被災集落の復興を代表すると考えた。

【引用文献】

1）有田博之：農村で考える－農村計画の楽しみ－，農業土木学会誌 59(8)，pp.79 ～
　81（1991）

2）中根千枝：フィールドワークの意味するもの－社会人類学の立場から－，農業土
　木学会誌 71(1)，pp.1 ～ 2（2003）

2.3　伝承文化を通じた災害復興における社会集団の編成事例

2.3.1　三ヶ地区の集落行事を通じた集落連携

　三ヶ地区3集落では、将来の過疎化・高齢化を見越して集落再編に向けた懇談が仮設住宅での避難時から重ねられたが実現に至らず、個別の帰村が選択された[1]。しかし、帰村後に「さいの神」や盆踊りといった集落行事を実施できない集落が出るなかで、2011年1月の「さいの神」、8月の盆踊りが3集落合同で行われるようになり、続いている（図2-1、写真2-1）。帰村してからの合同開催のきっかけは、集落行事を実施できない集落の高齢女性が「懐かしいね、昔は夜遅くまで踊ったもんだよ」と呟き、新潟県中越大震災復興基金（以下、「復興基金」という）によ

(年)	2004	2005	2006	2007	2008	2009	2010	2011	2012	2013	2014	2015	2016	2017
	地震	仮設住宅			帰村後の生活									
集落行事[注1]	集落単位	合同開催			開催できない集落あり			合同開催						
営農組合		話し合い			設立									
保存会[注2]		出荷団体	共同畑での栽培		準備		設立							
ふるさと会			前身組織				設立							
闘牛会[注3]	前身組織						設立							
やまっ子										試行		設立		

注1）三ヶ地区の集落行事は、中越地震前に既に開催できない集落が存在した。
注2）保存会は、2000年頃から前身となる出荷グループが存在した。
注3）闘牛会は、1975年に発足した山古志観光開発公社などを前身とする。

図2-1　事例団体の設立経緯

る地域復興支援員 S 氏（当時 50 代の女性）がこれを聞いて「何とかして復活させてあげたい」と強く願ったことにある。S 氏 が 2010 年に 3 集落に合同開催を持ちかける際に協力したのは A 氏（当

写真2-1　三ヶ地区の合同の「さいの神」
（2014年1月12日撮影）

時 70 代の男性）である。A 氏は池谷集落区長また山古志村議会議員の経験者として、三ヶ地区のリーダー的存在であり、仮設住宅での集落再編に向けた懇談を企図した人物だった。2012 年の盆踊りからは主に首都圏在住の三ヶ地区出身者の団体「三ヶ校友会」も呼ばれ、3 集落の住民どうしの交流に留まらない広がりをもつようになっている。また、2012 年の盆踊りからは A 氏から公民館分館長の AM 氏（当時 30 代の男性）に取りまとめ役が交代し、リーダーが世代交代した。

2.3.2　三ヶ地区の営農組合

　水稲営農組合「歩夢南平（あゆむなんぺい）」は、三ヶ地区 3 集落を対象として設立が呼びかけられた[2]。仮設住宅の 3 年間で設立に向けた話し合いが持たれたが、住居が定まらないうちは考えられないという意見が多く議論が停滞していた。しかし、いざ帰村して春から作付けをすることが決まると、すんなりと 2008 年 3 月の総会で営農組合の設立が決議された。

　この営農組合の特長は、帰村した非農家や中越地震により離村した通作農家を組合員としているところにある。Ａ氏によれば、通作農家のみならず非農家も組合員とした理由として、農家と非農家が思いを共有するためだという。具体的には、①非農家も組合から割安に米を購入できるようにするため、②他地域にない特徴を出した方がよいという県の農業普及指導センターの指導、③秋の収穫祭の慰労会で扱いを分け隔てしないようにする配慮だという。

　2014年時点の組合員全18世帯の内訳は、池谷集落の全13世帯（農家9世帯、非農家4世帯）と池谷集落の離村者17世帯のうち通作農家3世帯、さらに大久保集落9世帯のうち農家2世帯となっている。組合加入費は反別2万円、世帯別1万円であるため、非農家は世帯別1万円のみとなっている。営農組合設立後に分家した非農家から加入申請が出るなど、非農家からも好評を得ている。

　作業受委託の面積は全10haであり、内訳は池谷集落8.0ha、楢木集落、0.5ha、大久保集落1.5haである。田植え、稲刈りのオペレータは池谷集落の60〜70代3名が中心だが、30〜50代4名も技術習得に努めている状況にある。こうした共同化にあたり、農機具や作業場は復興基金の支援を受けて整備された。

　Ａ氏は「若手の気持ちが出てきたことがなにより」「田んぼを耕すことは儲かるとか儲からないではなく、生きるための大事な手段」「ここから巣立った大勢の人のふるさとを預かっていることを忘れてはならない」と話していた。こうしたことから、営農組合もまた文化の伝承の一つの形として捉えることができる。

２．３．３　山古志地区の伝統野菜の保存会

　A氏が2017年の逝去まで設立時から会長として牽引した山古志かぐ
らなんばん保存会（以下、「保存会」という）は、山古志地区の栽培農
家で構成される団体である³⁾。同会規約第1条には、「この組織は、長
岡市山古志地区における『山古志かぐらなんばん』の生産振興や有利販
売等に向けた調査・研究及び共同販売を通して、山古志地区の伝統文化
である『山古志かぐらなんばん』を保存し次世代に引き継ぐことで、地
域の活性化に貢献することを目的とする」とある。2017年時点の会員
数は28名、高齢者が中心となっている。もともと2000年頃から出荷グ
ループとして存在していたが、中越地震の避難時に種子を持ち出し仮
設住宅の共同畑で3年間栽培が続けられた。帰村後も栽培が継続され、
2010年3月に同会が設立された。
　近年力を入れているのは山古志中学校1年生が総合学習として取り
組んでいるかぐらな
んばん栽培の指導で
ある。2017年度は6
月の植付けから9月
の収穫・袋詰めまで
の指導を1年生の全
3名に対して行った
（写真2-2）。
　年間行事として、
4月の総会、5月の

写真2-2　かぐらなんばんの目合わせ会（2017年7月12日撮影）

栽培指導会、7月の出荷前目合わせ会がある。長岡市山古志支所から、農協、県の農業普及指導センターに呼びかけて日程調整を行う。また、中学生への栽培指導も、同支所から関係機関に参加を呼びかけている。高齢者が中心であるため、事務作業を同支所が補助している。

　A氏は「子どもに農業を否定しないでほしい」「子どもは山古志の宝」と語っており、会員も自分の孫のように中学生に接している。

2.3.4　木籠集落の集落行事を通じた交流団体

　山古志木籠ふるさと会（以下、「ふるさと会」という）は、2007年6月設立の山古志マリの会（以下、「マリの会」という）に始まり、それを引き継いでコンサルタントが事務局を担った2008年7

写真2-3　ふるさと会の盆踊り（2014年8月15日撮影）

月設立の山古志木籠集落準区民の会（以下、「準区民の会」という）から発展的に2010年5月に組織された団体である[4]。集落行事のほか、ちまきづくりやソバ打ちなどの交流行事を通して都市住民と集落住民とが交流している（写真2-3）。

　マリの会の設立は、木籠集落の区長であり「牛の角突き」のリーダーでもあったM氏（当時60代の男性）が中越地震をテーマにした映画の

エキストラ・ボランティアとして集まった近郊都市の中高年を木籠集落
の田植えに誘ったことに端を発する。マリの会、準区民の会と順調に会
員数を伸ばし、最も多いときで2014年度の138世帯（集落住民11世帯
も含む）に及んだ。

　集落行事または交流行事は、集会所や神社や交流施設「郷見庵」を利
用して実施されている。集落が水没した木籠集落では、住宅は高台移転
した団地内に再建された。集会所は水没しなかったが傾くなどの被害を
受けたため団地内に新築し、同様に水没を免れたが倒壊した神社は元の
場所で修繕した。また、新たに交流施設を団地内に建設した。集会所、
神社、交流施設のいずれも、復興基金による支援を受けた。集会所は所
要額の3/4以内の支援を受け、神社は3/4以内の支援を2,000万円の上
限で、交流施設は10/10の支援を1,000万円の上限で受けた。これらの
新築・修繕に復興基金が果たした役割は大きいといえる。

2.3.5　山古志地区の伝統行事の運営団体

　山古志闘牛会（以下、「闘牛会」という）は、1975年に発足した山古
志観光開発公社などを前身として伝統行事「牛の角突き」を実施運営す
るために2010年4月に結成された団体である[5]。前述のM氏が中心と
なって中越地震後も仮設牛舎の建設、仮設闘牛場での開催、山古志地区
に共同牛舎の建設、山古志闘牛場での開催などを進めてきた。この復活
の過程では、新たな関係性を構築する動きとしてオーナー制が特筆され
る。中越地震前、角突き牛は家屋に併設される牛舎で飼われていたが、
離村せざるを得ず自宅および併設する牛舎を再建できない世帯の窮状を
汲んで共同牛舎が新築され、闘牛会が預かり飼育することになった。牛

の所有者は月々3万円の飼育委託料を支払うことで飼育を委託できるようになり、山古志闘牛場での取組に出場する約60頭すべての牛が共同牛舎で飼育されるようになった。この仕組みをつくる際、預けることができる人を中越地震前からの所有者（帰村者・離村者）に限定せず誰もがオーナーになれるようにした。そのようにしたことで、2015年度の調査では、57頭の所有者51名について、牛ベースでも所有者ベースでも約1/4を地域外者が占めており、闘牛会の牛の保有に対する影響は小さくない。仕組みを支える共同牛舎は復興基金の支援を受けて建設された。

2.3.6　山古志地区の放課後の児童の集まる場

　山古志地区では放課後に児童の集まる場をつくろうと、児童クラブと子ども教室「やまっ子クラブ」を2015年度に本格的に開設した[6]。KK氏（当時40代の男性）は前述のA氏やM氏とも山古志地区全体の会議で交流のあった山古志全体の若手リーダーの一人であり、中越地震後は若者や子どもが山古志地区の行事運営に直接関わる場をつくりたいと考えていた。そうした場をつくるうえで住民が主体となってスポーツを実施するための総合型地域スポーツクラブが有効と考え、2013年4月に設立した。ここに集った子育て世代の間で「子どもを地域で育てる場をつくりたい」という気運が盛り上がり、2013、2014年の夏季休暇を利用して試験的に設置したところ、利用者が多く本格的な設置の要望が上がったことから開設に至った。事務局は、KK氏が見込んだKH氏（当時30代の女性）を中心に子育て中の20代女性など複数名で担当している。やまっ子クラブのうち、児童クラブは平日の放課後毎日行われてお

り、これと並行して子ども教室が週に1回行われている。いずれも長期休暇にも実施されている。とくに子ども教室では、盆踊りの踊り方のほか、草木を使った遊び方など、文化の伝承にも力を入れている。児童クラブ・子ども教室いずれも対象者は、山古志小学校の全児童の約20名、近隣小学校の児童の約10名である。

　これらの取り組みに類似したものとして、国による事業、すなわち、児童クラブに対応するものとして厚生労働省の「放課後児童健全育成事業」、子ども教室に対応するものとして文部科学省の「放課後子ども教室推進事業」があるが、山古志地区の取り組みはこれらとは別に長岡市で用意された事業を利用したものである。とくに児童クラブを開設するための「放課後の子どもの居場所づくり事業」は、山古志地区の取り組みを支援するために創設されたものである。国の事業のスタッフは「児童厚生員」と呼ばれる有資格者が一般的には他地域から通勤して担当するのに対し、長岡市の事業では保育・教育の経験がある山古志地区の住民が担っている点に特徴がある。まさに、地域住民が地域で児童を育てる場、地域の伝承文化を伝える場となっている。

【引用文献】

1) 坂田寧代：伝統行事を介した震災復興のコミュニティ再編，水土の知82(3)，pp.15〜18（2014）

2) 坂田寧代，落合基継，吉川夏樹：非農家も参加する営農組合による中山間地域の農地維持，水土の知83(11)，pp.11〜14（2015）

3) 中山桃花，坂田寧代：中山間地域の高齢農家による伝統野菜栽培のための人的支援，水土の知86(2)，pp.15〜18（2018）

4）坂田寧代：震災復興のコミュニティ再編における外部者の編入，水土の知 82(10)，
　　pp.27 ～ 30（2014）

5）坂田寧代，藤中千愛，落合基継：伝統行事「牛の角突き」復活後の地域外者の地
　　域への参画，水土の知 85(1)，pp.43 ～ 46（2017）

6）山口佳奈子，坂田寧代：児童クラブと子ども教室に関する長岡市山古志地区の取
　　組み，水土の知 85(8)，pp.55 ～ 58（2017）

2.4 災害復興における伝承文化の重要性

　以上のように、集落を単位とした基礎集団についても、生業等の一定
の機能で結束した機能集団についても、中越地震からの復興では伝承文
化を通じて社会集団が編成された（表2-3）。伝承文化は災害復興におい
て社会集団を編成するうえで鍵となると考えられる。

　伝承文化の重要性は、関係者の思いから垣間見ることができる。M
氏は、木籠集落の区長として、2007年の盆踊りから仮設住宅に避難中
にもかかわらず、また、立入制限がかかっている電気も何もない暗闇の
なか、集落住民を率いて集落に戻り盆踊りを続けてきた。M氏は「さ
いの神、お盆、面倒だからと止めたらその地域は終わり。地域を支える
何かがなくなる」と話していた。また、「牛の角突き」について「牛の
角突きという伝統文化を救ったんじゃない。うちらが伝統文化に救われ
たんだ」とも語った。2015年の逝去前に闘牛会会長として遺した挨拶
文には、「先人たちが受け継いできたものを、この地域の貢献に役立て、
広い日本の中で、震災過疎の光として仲間と共にこの伝統文化を後世に
守り伝えて、『日本のふるさと』をこの地に残して行く。山古志牛の角
突きを守る事にはそんな意味があるのではないかと感じております」[1]
と書かれている。これらは、伝承文化が復興の拠り所になったことを象
徴していると思われる。

　こうしたM氏、A氏といった70代、80代の中越地震からの復興を
牽引したリーダー層の思いは、地震から10年を経てAM氏、KK氏、

KH氏といった若手世代に継承されている。復興が地域的広がりと時間的連続性をもち新たな農村振興の動きにつながっているといえる。

表2-3　事例団体の特性

	集落行事	営農組合	保存会	ふるさと会	闘牛会	やまっ子
集団特性	基礎集団	機能集団	機能集団	機能集団	機能集団	機能集団
範域	3集落	3集落	山古志地区	1集落	山古志地区	山古志地区
新たな関係性	3集落住民と出身者	帰村農家と帰村非農家と通作農家	山古志地区農家と山古志中学生	集落住民と都市住民	山古志地区住民と都市住民	山古志地区児童と保護者と地域住民
伝承文化	集落行事「さいの神，盆踊り」	米づくり	伝統野菜「かぐらなんばん」	集落行事「さいの神，盆踊り」	伝統行事「牛の角突き」	盆踊りの踊り方，昔の遊び方
主導者	A氏，S氏	A氏	A氏	M氏	M氏	KK氏，KH氏
関係者の思い	S氏「何とかして復活させてあげたい」	A氏「ふるさとを預かっている」	A氏「子どもは山古志の宝」	M氏「地域を支える何か」	M氏「伝統文化に救われた」	KK氏，KH氏「子どもを地域で育てたい」
復興基金の支援	地域復興支援員による寄り添い	農機具，作業場の整備		集会所，神社，交流施設の整備	共同牛舎の整備	
復興基金以外の支援		県の農業普及指導センター助言	山古志支所による事務支援	コンサルタントによる事務支援		長岡市の事業の創設

【引用文献】

1) 坂田寧代，藤中千愛，落合基継：伝統行事「牛の角突き」復活後の地域外者の地域への参画，水土の知85(1)，pp.43～46（2017）

2.5 「文化の伝承」を目的とした事業の提案

　以上の事例は、Ｍ氏、Ａ氏、若手世代のリーダーのもと、住民が主体となりながらも行政支援に支えられている（表2-3）。これは、伝承文化を通じた社会集団の編成を住民が主体となって行っていくうえで行政ができる支援があることを意味している。また、この支援は、復興基金によるものと、よらないものとに分けられる。いずれにおいても、施設整備と人的支援とに大別できる。まず、施設整備においては、営農組合の農機具・作業場、ふるさと会の集会所・神社・交流施設、闘牛会の共同牛舎の整備が挙げられる。人的支援については、三ヶ地区の集落行事での地域復興支援員による寄り添い、営農組合での県の農業普及指導センターによる助言、保存会での山古志支所による事務支援、ふるさと会でのコンサルタントによる事務支援が挙げられ、その他として、やまっ子クラブを可能にした長岡市の事業の創設が挙げられる。

　こうした支援を行ううえでは各団体の設立までの過程も考慮しておく必要がある。営農組合は帰村後すぐに設立され、保存会、ふるさと会、闘牛会の設立は帰村後3年目、集落行事による集落連携はその翌年、やまっ子クラブの設立は帰村後8年目となっている（図2-1）。準備期間や試行段階も含めるとこれより早い段階から備えておく必要があるといえる。

　さらに、伝承文化を通じて社会集団が編成されたことを踏まえて、復興基金による支援や市による支援が他の地方公共団体にも波及すること

が望まれる。また、災害復興のための国による支援事業として「文化の伝承」を目的とした事業の創設も検討の余地がある。さらには、平常時の農村振興に寄与する農村総合整備事業に「文化の伝承」を打ち出すことも一考に値する。

　農村地域において伝承文化は暮らしそのものであることから、これらを守り、地域住民が主体となって社会集団を編成するための行政支援を行うことは、今後の農村地域における災害復興・振興において非常に重要ではないかと思われる。

第3章
むらの人もまちの人も一緒に楽しむ
山古志木籠ふるさと会

　松井治二さんは山古志闘牛会の会長を務め、木籠集落の区長を務め、木籠集落を支援するために結成された会を発展させた山古志木籠ふるさと会の会長を務めていた。これら三つは相補的関係にあり、たとえば、牛の角突きを観覧した客が郷見庵に寄って休憩したり山古志木籠ふるさと会の会員による品物を購入したり、山古志木籠ふるさと会の会員が闘牛大会の日の駐車場係を担当したり、お互いに深いつながりがある。

　本章では、山古志木籠ふるさと会について、中越地震後の設立の経緯を概観したのち、2018 年までの活動状況をまとめる。なお、筆者は2012 年に新潟大学に着任し、卒論テーマを発掘しに山古志をまわっている途中、休憩に立ち寄った郷見庵で松井治二さん・キミさん夫妻に会い、山古志木籠ふるさと会のことを聞き及び、来訪者の記帳ノートに名前と住所を記したことが同会とのご縁の始まりである。一緒にまわっていた 3 年生は 4 年生になって山古志木籠ふるさと会を卒論テーマとして取り組んだ。会費を払って会員証の発行を受け正式に会員となったのは、2013 年 8 月である。

3.1　伝統行事を介した震災復興のコミュニティ再編

3.1.1　はじめに

　東日本大震災の復旧・復興過程において、集団移転が進捗するにつれてコミュニティ再編が現実的な課題となるとされている[1]。すなわち、移転先が元の地区の外に計画されている場合、自治組織の単位を元の町内会・自治会を基本とするのか、あるいは、集団移転の結果、空間的に近接することになる居住区同士で新たな自治組織を結成するかということが、いずれ問題になるとされている。

　コミュニティ再編とは、複数のコミュニティが連合したり統合したりするだけではなく、同時に領域内に堆積していた各種集団を整理して組織化するなど、自治組織を再編成し、コミュニティ機能の回復・再生・増進を図ることである[2]。コミュニティ再編と類似する用語に集落再編があるが、これは昭和40年代後半から昭和50年代にかけて多く行われた集落の（住戸の）集団的な移転を一般に意味している[3]。コミュニティ再編は、①住居の移転を伴うか、②複数コミュニティが連携しているか、③旧コミュニティの自治機能を残すかという分析軸で類型化される[2]（表3-1）。

　先行する2004年新潟県中越地震では、帰村の過程でコミュニティ再編が検討された。たとえば、旧山古志村（長岡市山古志地区）の近隣3集落では合併話が持ち上がったが、集落維持が主張された結果、3集落

がそれぞれ集会所と神社を再建し、個別の営農組合が設立された⁴⁾。このときはコミュニティ再編に至らな

表3-1　コミュニティ再編類型²⁾

		複数コミュニティの連携		
		yes		no
		旧組織を残すか		
		yes	no	
住居の移転	no	連合型	統合型	単独型
	yes	移転型		

かったものの、過疎・高齢化が進行するなか、新潟県中越大震災復興基金による地域復興支援員（以下、「復興支援員」という）などが仲介して、「さいの神」と盆踊りが3集落合同で行われるようになっている。この形態は、複数集落が連携し元の集落自治組織が残っていることから、連合型コミュニティ再編と捉えることができる。

　また、旧山古志村のある集落では、震災ボランティア組織を前身とする外部者組織が結成された。組織再編するなかで外部者だけでなく集落住民も会員として加わり、田植えなどの交流行事を実施している。さいの神などの伝統行事や神社清掃などの集落共同作業は、集落自治組織が企画して集落住民に加え外部者も参加している。この形態は、交流行事運営などの従来の集落自治組織にはなかった役割を外部者組織が担っているという点で、単独型コミュニティ再編と捉えることができる。

　本報では、2013年の現地調査に基づき、連合型・単独型コミュニティ再編の事例を通して、再編を進めるうえで、異なる集落間の住民感情の和合を図ったり、集落住民と外部者との連携を図ったりするために、伝統行事が有効であることを示す。また、復興支援員の関わりや、新潟県中越大震災復興基金による支援事業の活用状況を示し、東日本大震災の復旧・復興過程のコミュニティ再編の一助としたい。

3.1.2　調査概要

　対象集落は、旧山古志村の近隣 3 集落である I 集落、N 集落、O 集落、および、中越地震で河道閉塞により水没した K 集落である。これらの集落への避難指示解除は中越地震で発令された避難指示のうち最後で、2007 年 4 月 1 日に解除された。I 集落と O 集落は元の居住地に、N 集落と K 集落は旧居住地そばの造成地に、いずれも 2007 年に帰村した。世帯数は I、N、O、K 集落の順に、中越地震前の 2004 年 9 月末に 35、29、20、25 だったが、帰村後の 2008 年 10 月 1 日に 18、14、10、17、2013 年同月日には 15、12、9、11 と推移した（長岡市の住民基本台帳）。4 集落とも 2013 年の世帯数は 2004 年の半数以下に減少しており、その減少率は、旧山古志村全体の約 3 割に比べて高い。

　調査は、2013 年 4 〜 11 月に 14 日間、復興支援員や区長経験者に対する聞き取りと資料収集により行った。

3.1.3　連合型コミュニティ再編の事例

1.　伝統行事の合同開催に至った経緯

　I、N、O の 3 集落では、帰村にあたり、将来の過疎・高齢化を見越してコミュニティ再編を推し進めようと懇談が重ねられたが、実現には至らなかった。推進した中心人物である I 集落の区長経験者 A 氏は、その理由を、集落ごとに将来計画が策定されたためと述懐した。また、集落間に横たわる歴史的関係性も影響したと振り返った。N 集落は明治になるまで I 集落の管轄にあって庄屋をおけず[5]、住民感情が残ってい

たという。

　結果的に個別の帰村を選択した3集落だったが、近年になって過疎・高齢化に直面するようになった。最も深刻なO集落では、さいの神や盆踊りを帰村後行うことができなかった。そうした状況を憂慮した3集落を担当する復興支援員S氏は、2010年春の集落懇談会で、3集落の合同開催を区長に提案した（表3-2）。これが3集落合同を望むA氏の気持ちと呼応し、まずはさいの神を合同で行うことが決まった。帰村後初めて合同で開かれたさいの神だったが、S氏によれば、会場となったN集落の住民は「自分たちのさいの神が穢^{けが}された」という雰囲気で、「さいの神をやるのは久しぶりだ」と喜ぶO集落住民とは対照的に、参加者数も少なかったという。O集落参加者の喜びに接したS氏は、見送りが決まっていた盆踊りも実現したいと出張住民会議（集落住民、学識経験者などで構成され、復興支援員が事務局）で提案した。もともと3集落の小学校が廃止される1999年度までは「民謡の夕べ」という会を、東京在住の3集落出身者の組織である校友会や地元青年会が中心になって活発に行っていたこともあり、盆踊りで民謡の夕べを復活させる方向で動き出した。その年は校友会への連絡が間に合わず参加は叶わなかったが、2012年には参加して民謡の夕べが復活した。広い会場がほかにとれないという都合から盆踊は毎年I集落で行うため、さいの神は、2011年はN集落、2012年はO集落、2013年はN集落というように2集落で交代に行っている。また、校友会が参加した2012年盆踊りから、企画・運営が70歳前後の区長から30代の公民館分館長に移り、バーベキューや花火大会などの若手の発案が導入され、世代交代が円滑に進んでいる。

表3-2　3集落の合同さいの神と合同盆踊りの開催経緯

暦 年	月	トピック
2004	12	避難所から仮設住宅に移る。
2007	12	帰村
2010	春	合同さいの神と合同盆踊りの開催を，集落懇談会で復興支援員が区長にもちかけたところ，さいの神のみ実施することが決まる。
2011	1	帰村後初めての合同さいの神をN集落で行う。
	6	合同盆踊りの開催を，出張住民会議で復興支援員が区長にもちかけたところ，盆踊りの実施が決まる。
	8	帰村後初めての合同盆踊りをI集落で行う。
2012	1	合同さいの神をO集落で行う。
	8	合同盆踊りをI集落で行う。
2013	1	合同さいの神をN集落で行う。
	8	合同盆踊りをI集落で行う。

注）S氏に対する聞き取りをもとに作成。

2．生活環境施設の整備と伝統行事の関わり

　A氏によれば、3集落が統合せず個別の帰村が決定的になったのは、2006年7月の山古志全体の合同会議の際だという。このときに集会所を3集落それぞれに設けることが決まった。まずO集落が2006年10月に元の集会所を修繕し、I集落が2008年9月に、N集落が同年12月に、新しい場所に新築した。N集落の集会所が新しい場所に建設されたのは、旧居住地そばの造成地に集団移転しているためである。対して、I集落の集会所の場合、居住地内の狭い空間では駐車場を併設できないため、居住地辺縁部の既存の駐車場に隣接して建設することになった。加えて、N集落内に住む行政区分上のI集落住民の便に配慮したものであり、さらには、将来的な統合型コミュニティ再編を視野に入れたこと

をA氏は挙げた。結果的に、I集落の集会所および駐車場は、合同盆踊りの開催場所として3集落の中心地となっている。

　神社の再建は集会所と異なり、統合型コミュニティ再編の成否と関係なく早い段階から個別に再建する方向で進められた。3集落とも2006年に再建し、N集落が7月、I集落が8月、O集落が11月に、集団移転したN集落も含めて元の場所に再建した。再建時期の早さ、各集落個別再建、元の場所に再建していることから、宗教的アイデンティティの重要性がうかがえる。そうしたアイデンティティの強さゆえに、3集落の合同さいの神の開催に際しては工夫がみられる。古来、さいの神は神社境内で執り行われてきたが、合同さいの神は、N集落とI集落の農地を会場にして行われている。一つには空間の広さの問題もあるだろうが、各集落の独自性を前面に押し出さず協調的に運ぶ知恵がみてとれる。

　いずれの集落の集会所・神社の修繕・再建も、新潟県中越大震災復興基金の支援事業（後掲の表3-4のK集落と同じ事業）を利用している。その果たした役割の大きさが改めて振り返られる。

3.1.4　単独型コミュニティ再編の事例

1．伝統行事に込めた集落再興への願い

　河道閉塞により水没したK集落では、区長M氏を中心に復興に取り組んできた。M氏は、集落の再生を外部者と連携して行いたいと地震直後に構想していたという。1960年代に途絶えた牛の角突きを1970年代初めに再興した経験に基づき、水没家屋の保存に奔走し、休憩所兼直売所の建設を実現するなど、強い統率力を発揮してきた。周囲が反対するなか、「自分たちのご先祖様にお参りする盆踊りは仮設住宅ではなく

集落で行いたい」と 2007 年から、立ち入り制限中の集落に神主と集落
住民と徒歩で戻って実現してきた。集落再興に向けた固い決意をうかが
えるだけでなく、盆踊りという伝統行事が果たす象徴的意味合いが察せ
られる。

２．集落住民と外部者との連携形態の変化

　2007 年末の帰村後の復興では、外部者の力を活用してきた。2008、
2009 年度は、震災ボランティアを母体とした準区民の会が集落行事を
支援するなどして集落と関わり、2010 年度以降は当会が発展的に解消
されてふるさと会が結成されている。会員数は、2008 年度以降、個人
会員 17、37、76、97、108、100 名、団体会員 2、2、2、4、3 と増加傾
向にある。これとは別に、2010 年度以降のふるさと会では、集落住民
全戸も会員となっている。

　準区民の会とふるさと会の違いとして、前者は外部者のみで構成され
るのに対して、後者には集落住民も全戸が入会していることが挙げられ
る。これは一つには、「集落住民が外部者から支援を受ける」から「集
落住民も外部者も対等な立場で交流を楽しむ」という位置付けの変化が
挙げられる。あと一つには、集落住民と外部者の連携を目的に掲げた組
織とすることで、連携のための事業申請を行いやすくなるうえ、集落会
計とは別に収支を管理でき、集落住民負担を軽減する利点が考えられる。
たとえば、2009 年度に集落会計に計上されていた会員配布用カレンダー
の作成費は、2010 年度以降はふるさと会会計で管理されている。とく
に 2011 年度分は、ふるさと会が長岡市地域コミュニティ事業というま
ちづくり活動に関する事業の補助金を受け、その一部を作成費に充てて
いる。

3．集落住民を尊重した集落行事の実施

　準区民の会もふるさと会も、集落行事（道普請、さいの神、盆踊り）
および震災集いを集落住民が主催し会員が参加するのに対して、それ以
外の交流行事（表3-3）は会員が主催するという形がとられている。集
落行事の実施において、集落住民の負担を軽減しながらも、主体はあく
までも集落住民であるという点で、集落の独自性が尊重されているとい
える。また、交流行事を拡大する一方で、集落行事を大切にしている点
にも、集落の独自性への尊重がうかがえる。

表3-3　帰村後のK集落における行事の変遷

| | 準区民の会 | | ふるさと会 | | | |
	2008年度	2009年度	2010年度	2011年度	2012年度	2013年度
4月	道普請					
5月	田植え		錦鯉稚魚の放池	避難者と交流	山歩き	
6月	畑づくり 集会所地鎮祭 集会所上棟式	ちまきづくり 七夕飾りづくり	ホタル調査		ホタル鑑賞会	
7月		マップづくり		山歩き		
8月	集会所竣工式 道普請 盆踊り		長岡花火見学 ソバまき 郷見庵地鎮祭			
9月	稲刈り	ウォークもてなし	片貝花火見学			
10月	震災集い (神社竣工式)	震災集い (祈念碑除幕式)	震災集い (郷見庵竣工式)	被災地応援米	雪割草植え	
11月	遷座祭			被災地訪問	ソバ打ち	
12月			ソバ打ち	避難者と交流		
1月	さいの神					
2月			どぶろくづくり			
3月			エコバッグづくり			

注）会報をもとに作成。ゴシック体は2013年度に至る行事，明朝体は単年度行事を表す。

4．生活環境施設と交流施設の整備

　こうした活動の拠点として施設整備の重要性が指摘できる。2008年度に集会所と神社、2009年度に祈念碑、2010年度に休憩所兼直売所である郷見庵を、新潟県中越大震災復興基金の支援事業で建設してきた(表3-3、表3-4)。とりわけ2010年度に竣工した郷見庵は、準区民の会からふるさと会になった後の交流拠点として重要な役割を担っている。

表3-4　K集落の集会所・神社・祈念碑・休憩所兼直売所の建設で実施した新潟県中越大震災復興基金の支援事業

事業	被災者生活支援対策事業「地域コミュニティ施設等再建支援」(集会施設等再建)	被災者生活支援対策事業「地域コミュニティ施設等再建支援」(鎮守・神社・堂・祠の再建)	記録・広報事業「復興と感謝のモニュメント」等設置支援	地域復興支援事業「地域復興デザイン先導事業支援」
補助期間	2006~2009年度	2006~2009年度	2008~2009年度	2007~2012年度
事業目的	被災した集会所等のコミュニティ施設の再建	鎮守・神社・堂・祠の再建	震災からの復興を記録し、または支援に感謝するモニュメント等の設置	住民起業や地域連携への動きを加速
補助対象者	集落または自治会等	集落または自治会等	地域住民の団体等	集落や地域団体等
補助率	3/4以内	3/4以内	4/5以内	10/10
補助金限度額	所要額	原則2,000万円	1団体当たり300万円	1団体当たり総額1,000万円

注) 資料[6]をもとに作成。

3.1.5　おわりに

　I、N、Oの3集落の事例は、統合型コミュニティ再編を行うことの困難さを示している。同時に、時間をかけた連合型コミュニティ再編の可能性を示唆している。すなわち、住民感情に配慮すれば、被災後、5

年程度の短期のうちに、便宜上、再編を行うのではなく、10年以上の時間も視野に入れた長期的な再編が、計画に組み込まれる必要があると思われる。連合型コミュニティ再編には伝統行事を介して住民感情の和合を図ることが一つの手段だろう。その際に復興支援員が第三者として集落住民間の調整を行うことが有効である。「あれだけ（震災ボランティアとして）避難所からいたＳ氏が言うんだぁ、つきあってやるか」という気運が広がったことが実現に導いたとのことである。

　一方、Ｋ集落の事例では、震災翌年からの盆踊りの継続に、伝統行事のもつアイデンティティへの訴求性を見いだすことができる。加えて、外部者との連携における伝統行事を含めた集落行事の尊重や、集落行事における集落住民の主体性尊重を、単なる交流活動に終始しない単独型コミュニティ再編の成功の秘訣として捉えることができる。

　両事例から、伝統行事を介したコミュニティ再編において、施設整備の重要性もみてとれる。早い段階で神社や集会所を復旧することは集落住民の紐帯を強めることになる。また、集会所や交流施設を整備することは交流拠点の形成につながり、集落住民のみならず外部者との連携を可能にする。そうした整備を可能にしたという点で、新潟県中越大震災復興基金の支援事業の果たした役割は大きい。

【引用文献】

1) 広田純一：東日本大震災津波被災地における地域コミュニティの再建をめぐる課題－2013年1月の状況から－，農村計画学会誌，31(4)，pp.534〜536（2013）

2) 福与徳文：過疎地域におけるコミュニティ再編に関する理論的考察，農業経済研究 別冊2007年度日本農業経済学会論文集，pp.113〜120（2007）

3）農林水産省農村振興局企画部・農村政策課農村整備総合調整室：集落の連携による新たな農村コミュニティの形成－その考え方・事例－, pp.2 ～ 3（2007）

4）中越防災安全推進機構, 新潟日報社：中越から東日本へ－震災復興とその未来－, 新潟日報事業社, pp.96 ～ 99（2011）

5）山古志村史編集委員会：山古志村史（通史）, 山古志村役場, pp.111 ～ 117（1985）

6）新潟県中越大震災復興基金：事業紹介, http://www.chuetsu-fukkoukikin.jp/jigyou/（参照 2013 年 11 月 9 日）

3.2 震災復興のコミュニティ再編における外部者の編入

3.2.1 はじめに

　東日本大震災の復興でコミュニティ再編が模索されている。2004 年の発生から間もなく 10 年が経とうとする時点の新潟県中越地震の復興では、いくつかの集落でコミュニティ再編が進められてきた。既報[1]では、福与[2] が示したコミュニティ再編類型に沿って、中越地震後の連合型と単独型のコミュニティ再編事例を挙げ、伝統行事を介して集落住民間または集落住民と外部者との紐帯が結ばれてきた経緯を概観した。

　取り上げた単独型コミュニティ再編事例では、区長の強力な統率のもと、盆踊りの復活、水没家屋の保存、外部者との交流、施設整備が進められてきた。本報では、その再編過程を詳細にたどることで段階的発展を跡づけたい。具体的には、旧山古志村の K 集落を対象として、2013年 4 月〜 2014 年 2 月の 17 日間の現地調査に基づき、行事運営と施設整備の面から外部者の編入方法を示すとともに、近い将来には外部者を集落自治組織の役職に就けたいと考えている区長の構想を示す。現地調査は、区長を含む集落住民や外部者への聞き取り、集落会計や会報などの資料収集、行事への参加で構成される。

3.2.2　外部者との協力関係の構築

1．外部者との交流のきっかけ

　中越地震で河道閉塞により水没した K 集落の住民は、旧居住地そば
の造成地に移転する形で 2007 年 12 月に帰村した。中越地震前の 2004
年 9 月末に 25 世帯 67 名だったが、帰村後の 2008 年 10 月 1 日に 17 世
帯 39 名、2013 年同月日に 11 世帯 24 名にまで減少している（長岡市の
住民基本台帳）。2013 年時点の 24 名の内訳は、聞き取りによれば、30
代 3 名、50 代 1 名、60 代 5 名、70 代以上 15 名であり、高齢化率は高い。

　中越地震前から進行していた過疎高齢化を憂慮した区長 M 氏（1940
年生まれの男性）は、集落の再興を外部者と連携して行いたいと地震直
後から構想していた。K 集落では、2007 年 4 月 1 日の避難指示解除前
である地震翌年から集落に戻って盆踊りを行ってきた。この盆踊りに
は、震災ボランティアも参加してきたが、組織的に外部者が集落活動に
関わったのは、山古志マリの会（以下、「マリの会」という）との交流
が始まりである。

　きっかけは、牛の角突きを差配する M 氏が、2007 年に闘牛場で行わ
れた映画撮影でエキストラに声をかけたことに遡る。長岡市や三条市か
らエキストラとして集まった有志がこのまま解散するのはもったいない
とマリの会を結成して K 集落の稲刈り、盆踊り、さいの神などに参加
するようになった。その後、2008、2009 年度に山古志 K 集落準区民の
会（以下、「準区民の会」という）として、2010 年度以降は山古志 K 集
落ふるさと会（以下、「ふるさと会」という）として、組織を再編しな
がら現在に至っている。会員数は増加傾向にあり、県外者（特に関東）

72

や家族連れも加入しているほか、ふるさと会からは集落住民全戸も会員
となっている（表3-5）。

表3-5　会員数の推移

年度	2007	2008	2009	2010	2011	2012	2013
組織	マリの会	準区民の会		ふるさと会			
集落会員（世帯）	0	0	0	14	14	14	14
個人会員（名）	0	17	37	76	97	108	100
団体会員（団体）	0	2	2	2	4	4	3
マリの会（名）	15	(17)	(23)	(21)	(20)	(17)	(16)
備考		マリの会は団体加入のため個人会員数に含まず。		マリの会は発展解消し個人会員としてふるさと会に入会し個人会員数に含む。			

注）ふるさと会事務局資料をもとに作成。2013年8月末時点。

２．行事における集落住民の労力負担軽減

　準区民の会会員はK集落を支援する「準区民」として活動し、ふるさと会会員は「区民」として活動する点が大きく異なる。準区民の会では、集落住民を会員である外部者が支援し、ふるさと会では、会員である集落住民と外部者がともに活動する形をとっている。

　いずれの会の頃も外部者の行事参加を得ることで集落住民の労力負担軽減につなげている。

　行事への参加は年4回発行の会報や、会事務局からのメール、ホームページで呼びかけられる。参加者数に変動はあるが、いずれの行事も一定数を確保できており、2013年度の実績では、参加者数が最も多い行

事で50名程度であった。

3．交流のための費用負担の内訳

　こうした活動を進めるうえで、費用を集落住民と外部者とでどのように分担するかに工夫がみられる。準区民の会の頃に集落会計から支出される交流の活動費には、①行事の運営費、②カレンダーの印刷・郵送費がある（表3-6）。カレンダーは前年度の行事の写真を掲載したものであり、復興の歩みを会員に知らせるだけでなく、行事への関心を高める役割を担っている。

　①の行事運営費の支弁方法は、交流行事と集落行事とで異なる。交流行事は地震後に始まったちまきづくり、ソバ打ち、どぶろくづくりなど

表3-6　諸経費の使用者別の負担者の会の移行に伴う変化[注1]・[注2]

			会計（負担者）	
			準区民の会の頃	ふるさと会の頃
使用者	交流行事	集落住民	都度（集落住民）	都度（集落住民）
		外部者	都度（外部者）	都度（外部者）
	地震前からの集落行事	集落住民	集落（集落住民）	集落（集落住民）と会（集落住民と外部者）
		外部者		
	地震後からの集落行事	集落住民	集落（集落住民）	集落（集落住民）
		外部者		
	カレンダー	集落住民・関係者	集落（集落住民）	会（集落住民と外部者）
		外部者	会（外部者）	

注1）集落年度末総会資料とM氏に対する聞き取りをもとに作成。
注2）会計が「都度」は，参加者がその都度払い，精算する。

である。交流行事では行事の都度、参加費を集めて充てており、準区民
の会以降、変わっていない（表3-6）。これは、行事ごとの参加者数の変
動を考慮するためである。

　一方、集落行事は、道普請、さいの神、盆踊りといった地震前から継
続している行事（以下、「地震前行事」という）と、神社や集会所の竣
工式などの地震後に始まった行事（以下、「地震後行事」という）とに
分けられる。地震前行事の経費は、準区民の会では、集落会計から支払
われ、外部者が参加した場合の飲食代も賄われてきたが、参加者数が増
えたふるさと会以降は、集落会計に加えて、ふるさと会（会費はいずれ
の会も、年間当たり個人会員 2,000 円、団体会員 10,000 円となっている）
からも支出されているという（表3-6）。

　対して、地震後行事では、準区民の会以降変わらず集落会計から支払
うことになっている（表3-6）。ただし、ふるさと会移行後に支出がない（表
3-7）のは、祝い金などで賄える範囲のためという。2008、2009 年度は
集会所の地鎮祭、上棟式、竣工式、神社竣工式、遷座祭、祈念碑除幕式
などが立て続けに執り行われたため、地震後行事の支出額が増嵩したが、
2010 年度に行われた後述する郷見庵の地鎮祭と竣工式は祝い金などで
賄える範囲だったため集落会計から支出されなかった（表3-7）。

　行事運営費についてまとめると、集落行事は集落が、交流行事は外部
者も含む参加者が負担することを基本としながらも、外部者の参加増加
に伴って集落行事でも外部者も負担するようになってきている。

　②のカレンダー代は、準区民の会の頃は、集落住民用と関係者への配
布・販売用は集落会計から支出し、外部者用は準区民の会会計から支出
しているが、ふるさと会への移行を機に、すべてをふるさと会会計から
支出している（表3-6、表3-7）。一見すると負担者の実質的変化がない

ようにみえるが、関係者への配布用を集落住民と外部者の共同負担にしたことは集落住民の実質的負担減となっている。

表3-7　集落会計の推移[注1]，[注2]

（単位：千円）

年度		2007	2008	2009	2010	2011	2012
組織		マリの会	準区民の会		ふるさと会		
収入	区費	0	70	70	130	65	115
	雑収入	2,025	12,179	10,881	2,527	2,313	2,208
	復興事業関連	0	21,748	28,628	14,312	654	0
	合計	2,025	33,997	39,579	16,969	3,032	2,323
支出	地震前行事	73	82	92	101	82	122
	地震後行事	0	331	104	0	0	0
	カレンダー	0	118	121	0	0	0
	諸活動	905	892	526	493	652	986
	復興事業関連	0	22,412	36,553	14,329	654	0
	合計	978	23,837	37,397	14,925	1,388	1,108
残額		1,046	10,160	2,182	2,044	1,643	1,215

注1）集落年度末総会資料をもとに作成。
注2）切捨て処理のため，積算値は一致しない。

3．2．3　交流を視野に入れた施設整備

1．交流施設と生活環境施設の整備資金

　区長 M 氏によれば、準区民の会での交流実績およびふるさと会への移行は、基幹的交流施設である郷見庵の建設に好影響を与えたという。

　郷見庵は休憩所兼直売所であり、ふるさと会の交流拠点として無くてはならない存在となっている。もともとは、水没した K 集落の被災状況を少しでも知ってもらいたいと M 氏がコンテナハウスを休憩所として 2007 年春に国道沿いに設置し、新聞切り抜きなどを展示したことに始まる。この初代の郷見庵は 2、3 人しか入れないほど手狭だったため新築することになり、2010 年 10 月 23 日に竣工式を迎えた。新潟県中越大震災復興基金の地域復興支援事業「地域復興デザイン先導事業支援」の補助金 1,000 万円（表 3-4）を 2010 年度に受けられたのは、M 氏によれば、交流実績が寄与したとのことである。

　郷見庵以外にも、同基金の支援事業（表 3-4）により、2008 年度に集会所と神社が、2009 年度に祈念碑が建設されてきた。また、2008、2009 年度に計画策定に携わったコンサルタントへの支払いや、街灯などの共用施設維持管理費も同基金の支援事業で賄ってきた。

　これらの復興事業関連による収入は、2009 年度以外は復興事業関連の支出とほぼ均衡している（表 3-7）。2009 年度の不足分には、旧山古志村から集落に配分された旧山古志村宛の義援金（表 3-7 の 2008 年度の雑収入の一部）を充てたという。区費は 65,000 ～ 130,000 円となっており（表 3-7）、これは帰村後 10 世帯余りで推移したなか、5,000 円／（世帯・期（半年間））の 1 期分または 2 期分に当たる。つまり、帰村直後

の生活再建期に1期分に留めているうえ、区費の値上げもしていない。M氏は、集落住民に新たな費用負担を課さずに施設整備を実現したことに大きな自負を持っていると語った。

2．交流施設の配置

　郷見庵や祈念碑、駐車場が、水没家屋を間近に臨む新居住地にも近い場所に配置された（図3-1）。新居住地内にある集会所も含めた一体的な立地は、交流活動の効率化につながっている。

　とりわけ駐車場が整備されたことは、休日を中心とした観光バスの入り込みに貢献した。駐車場は、当初、バスから降りる訪問者の足がぬかるみにとられることに心を痛めたM氏の働きかけにより、中間支援組織の山の暮らし再生機構によってメモリアルパークの一環とし

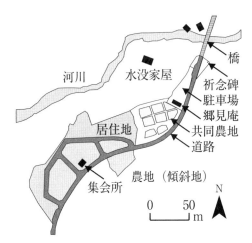

注）作図は，新日本測地系かつ日本平面直角座標系第8系の設定で，ArcView 10.0により，2008年9月17日撮影の空中写真の簡易オルソ画像（長岡市，（株）オリス）を用いた。

図3-1　交流施設の配置

て整備された。敷地は長岡市の所有地であり、郷見庵の一角はK集落が長岡市から買い受けて建設している。

　訪問者のためのトイレ整備もM氏が重視した点である。M氏が留意

したのは、長岡市が整備したものを地元が管理委託費を受けて管理するのではなく、地元が主体的に行うということだった。トイレには協力金を入れる箱が設置され、郷見庵の店番が管理している。市で整備すると、協力金を集められず、市からの管理委託費に依存する形になるが、自活することで主体的な意識の醸成につなげているとのことである。

　郷見庵は1階が直売所、2階が休憩所・震災資料館となっている（写真3-1）。直売所には地元野菜のほか小物などの会員手作りの品が置かれ、出品者ごとに設けられた貯金箱に購入額を投入する仕組みになっている。出品者は売り上げの一部をふるさと会へ直売所の事務経費として支払い、その額、集落の農産物は10%、ほかの産地の加工品・製品は15%である。

写真3-1　郷見庵（2013年8月11日撮影）

3.2.4　計画実施の構想

1.　実施のもととなった構想

　以上のように、外部者組織との連携、交流を視野に入れた施設整備を可能にしてきたのは、区長M氏の強いリーダーシップによるところが大きい。コンサルタントの力添えはあったものの、様々な案を繰り出し

てきたのはM氏である。M氏によれば、地震直後に考えたことが三つ
あったという。それは、①コンテナハウスの設置、②1,000人の仲間づ
くり、③水没家屋の保存である。①は郷見庵として、②はマリの会、準
区民の会、ふるさと会として結実した。②は旧村長に「山古志村は人口
が1,000人も減る」と言われ、「それなら、1,000人の仲間づくりをします」
と応じたことがきっかけとも、仮設住宅を訪れた作家に「会費を頂いて
村づくりをしたい」と話したところ賛意を得たことがきっかけとも述懐
する。

　③の水没家屋保存は、中越メモリアル回廊を構成するメモリアルパー
クとして位置付けられている。2008年の四川大地震や2011年の東日本
大震災の復興の参考とするため、海外の要人や地方公共団体の視察団が
来訪しており、歴史的遺産として重責を担っている。また、訪問者が
M氏の解説に魅せられて会員になるという好循環を生み出している。

２．構想の重要性

　これほどの成果を上げてきたM氏の構想だが、当初は集落住民の反
対を受けたという。しかし、「全員が反対しても、できないことこそを
実現するのが本物だ」という信念のもと、一貫した姿勢で推進してきた。
「そのためには〝あの人なら迷惑をかけずにやってくれるだろう〟、とい
う信頼を日頃から得ておくことが必要」とも説く。

　こうしたリーダーの先見の明、実行力に期待することが難しい場合で
も、一貫した構想の重要性は指摘できる。外部者との協力関係を築く単
独型コミュニティ再編を実現する秘訣は、構想とその推進にあるのでは
ないだろうか。

3．コミュニティ再編の新たな動き

　M氏は今後の展開として設立当初から関わっている外部者を集落自治組織の役職に就けることを構想している。K集落の集落自治組織の役職は、集落住民でなければ務まらないものと、外部者でも可能なものとに分けられるという。前者には、K集落を含む近隣3集落で構成される地区協議会長、区長、会計があり、後者には、防災、美化などの役職が挙げられる。後者を外部者に開放することで、集落運営を外部者とともに行っていきたいと考えており、そのためにも行事を通した信頼関係のさらなる構築を目指している。

3．2．5　おわりに

　本報で単独型コミュニティ再編の事例として取り上げたK集落では、一貫した構想のもと、組織運営および施設整備を段階的に進めてきた。最初は外部者が集落行事を中心とした集落自治機能を支援するという形で始まり、次第に外部者と集落住民とが交流行事を運営するという、従来なかった集落自治機能を両者が担うようになった。さらに、今後の展開として、区長M氏は外部者を集落自治組織の役職に就け、集落運営に参画させることを企図している。

　本事例はキーパーソンとなるM氏の牽引により実現したといえる。しかし、キーパーソンが期待できない場合でも、中間支援組織、コンサルタント、市町村などが仲介して単独型コミュニティ再編を進める際に、本事例から学べる点は多いと思われる。

【引用文献】

1) 坂田寧代：伝統行事を介した震災復興のコミュニティ再編，水土の知 82(3)，
　　pp.15 〜 18（2014）

2) 福与徳文：過疎地域におけるコミュニティ再編に関する理論的考察，農業経済研
　　究 別冊 2007 年度日本農業経済学会論文集，pp.113 〜 120（2007）

3.3　都市農村交流団体の会員特性からみた持続要因

3.3.1　はじめに

　土地改良長期計画（平成 28 年 8 月 24 日閣議決定）では、「個性と活力のある豊かな農業・農村の実現」を目指し、三つの政策課題が示され六つの政策目標が掲げられた [1]。本報では、「美しく活力ある農村」の政策課題に対応した「農村協働力と美しい農村の再生・創造」の政策目標に関する事例を報告する。

　「農村協働力と美しい農村の再生・創造」を実現する取り組みの一つとして、高齢化した小規模集落に対して集落行事や集落共同作業を都市住民が支援するものが挙げられる。この支援を行政主導のボランティア活動として続けることは難しいとして、行政が支援して支援組織を組織化するための過程が分析されている [2]。こうした組織化の過程に関する研究は数少ないが、設立された組織の持続要因を検討した研究はさらに少ない。

　山古志木籠ふるさと会（以下、「ふるさと会」という）は、2004 年新潟県中越地震によって急速な世帯数の減少と高齢化に直面した集落に設立された都市農村交流団体である。集落住民だけでは継続が難しくなった道普請や盆踊りなどを行うほか、耕作困難になった集落住民の農地を都市住民が耕作する取り組みが行われている。既報 [3][4] では、ふるさと会の設立経緯と活動状況を概観したが、本報では、ふるさと会活動の持

続要因を明らかにすることを目的とし、会員の獲得と定着の面から検討する。

　2016年度は、ふるさと会の設立から7年目、ふるさと会の前身の「山古志木籠集落準区民の会（以下、「準区民の会」という）」の設立から9年目、その前の「山古志マリの会（以下、「マリの会」という）」の設立から10年目を迎え、一定期間が経過しているため、持続要因を検討するうえで妥当と考えた。また、ふるさと会の設立は地震という緊急時をきっかけとしたものだが、一定期間が経過したなか、持続要因は平常時にも通じることから、土地改良長期計画に基づく取り組みを推進していくうえで参考になると思われる。

　調査は、2015〜2016年度の参与調査のほか、2010年の設立から2016年7月までの7年分のふるさと会名簿分析によって進めた。

3.3.2　ふるさと会の会員特性

1.　ふるさと会の会員種別

　ふるさと会の前身は、2007年6月7日に発足したマリの会、および、それを母体としてコンサルタントの助力のもと2008年7月1日に発足した準区民の会である。いずれも、集落住民は支援される側であるため、会員には含まれていない。2010年5月1日に発足したふるさと会は、対等な立場で楽しみを分かち合う会を目指し、集落住民と外部者とで構成されている[3]。

　会員には個人会員と団体会員があるが、持続要因を検討するうえで個人会員の獲得と定着に焦点を当てるため、個人会員に分析対象を限定した。集落住民を含む個人会員数は、設立の翌年度から一貫して100名を

超えている（表3-8）。
ただし、個人会員は家
族代表者が登録してい
るため、実際にはこれ
より多い人数がふるさ
と会に所属している。

表3-8　ふるさと会の個人会員数の推移

（単位：名）

年度	2010	2011	2012	2013	2014	2015	2016
総数	86	111	122	127	138	115	112
入会者数	-	33	16	25	21	11	8
脱会者数	-	8	5	20	10	34	11
純増分	-	25	11	5	11	- 23	- 3

注）2010～2016年度（2016年度は7月まで）の7年分のふる
さと会名簿をもとに作成。個人会員には集落住民も含ま
れる。

2．多様な会員獲得方法

　会員獲得には複数の方法がとられている。その一つは、2004年新潟県中越地震による河道閉塞で水没した家屋を見学に来た視察者・観光客が、1階が直売所、2階が休憩所・震災資料館の交流施設「郷見庵」に立ち寄るなかでふるさと会の存在を知り、その場で入会するものである（以下、「訪問入会者」という）。また、会員の知人への勧誘がある（以下、「知人入会者」という）。これは、主に震災ボランティアや牛の角突きを通じた知人である。さらに、郷見庵の直売所に出品するには、原則としてふるさと会会員になることが条件であるため、出品を目的として入会する場合もある（以下、「直売入会者」という）。ウェブサイト[5]からの入会も受け付けている（以下、「ウェブ入会者」という）。これらに加えて、集落住民、集落元住民・親族、マリの会からの入会者、準区民の会からの入会者がいる。

　以上の入会者種類について2010～2016年度の全在籍者200名の内訳を表3-9でみると、最も多い入会者は訪問入会者の59名であり30%を占めている。対して、最も少ないのはウェブ入会者の13名、7%である。

　一方、居住地別では、県内 121 名、県外 79 名であり、県外の会員が全体の 40% を占めていることに特徴がある。県内で最も多いのは、近隣市町村の 72 名であり、県内の 60% を占めている。近隣市町村より遠方の新潟市・阿賀野市の会員は 27 名で県内の 22% となっている。対して、山古志（木籠集落を除く）は 8 名、県内の 7% と少ない。

　県外で最も多いのは、関東地方の 62 名であり、県外の 78% を占めている。また、全地方に会員がいることも特徴として挙げられる。

　入会者種類と居住地とのクロス集計で注目されるのは、訪問入会者の居住地が、近隣市町村、新潟市・阿賀野市のみならず、関東を中心とした県外にわたっている点である。一方、ウェブ入会者は新潟市・阿賀野市以遠となっており、訪問が難しいことが背景にあると考えられる。ウェブ入会者は入会が2014年末から2015年始に集中していることから、2014 年末に放映された特集番組がきっかけと推察される。こうした報道による影響は訪問入会者にもあると思われる。

表3-9　ふるさと会の個人会員に関する入会者種類別の居住地

（単位：名）

居住地／入会者種類	県内				県外						小計
	木籠	山古志	近隣市町村	新潟市・阿賀野市	北海道	東北	関東	中部	関西	九州	
集落住民	14	−	−	−	−	−	−	−	−	−	14
集落元住民・親族	0	0	10	1	1	0	3	0	0	0	15
マリの会からの入会者	0	0	18	3	0	0	0	0	0	0	21
準区民の会からの入会者	0	0	6	2	0	0	12	1	0	0	21
知人入会者	0	1	13	8	0	1	8	0	1	0	32
直売入会者	0	7	13	0	0	0	5	0	0	0	25
ウェブ入会者	0	0	0	3	0	1	8	1	0	0	13
訪問入会者	0	0	12	10	0	2	26	2	5	2	59
小計	14	8	72	27	1	4	62	4	6	2	200
合計	121				79						200

注）2010〜2016年度（2016年度は7月まで）の7年分のふるさと会名簿をもとに作成。

3．入会者種類別の定着率

次に定着状況を検討するため、3年以上在籍していれば一定の定着が
なされていると見なすこととし、3年以上の在籍期間を確保できる2010
〜2014年度の入会者181名を対象として、在籍状況を入会者種類別に
整理した（表3-10）。その結果、3年以上在籍率は、集落住民は100%、
集落元住民・親族は86%、マリの会からの入会者は81%、準区民の会

表3-10　ふるさと会の個人会員に関する入会者種類別の在籍年数

（単位　上段：名，下段：%）

入会者種類＼在籍年数	1年	2年	3年以上	小計
集落住民	0 (0)	0 (0)	14 (100)	14 (100)
集落元住民・親族	0 (0)	2 (14)	12 (86)	14 (100)
マリの会からの入会者	3 (14)	1 (5)	17 (81)	21 (100)
準区民の会からの入会者	4 (19)	1 (5)	16 (76)	21 (100)
知人入会者	2 (7)	0 (0)	28 (93)	30 (100)
直売入会者	0 (0)	1 (7)	14 (93)	15 (100)
ウェブ入会者	1 (9)	2 (18)	8 (73)	11 (100)
訪問入会者	6 (11)	22 (40)	27 (49)	55 (100)
合計	16	29	136	181

注）2010〜2014年度の5年分のふるさと会名簿をもとに作成。

からの入会者は76%、知人入会者は93%、直売入会者は93%、ウェブ入会者は73%、訪問入会者は49%であった。集落関係者以外でみると、ふるさと会の役員など運営の中心を担っているマリの会・準区民の会からの入会者よりむしろ、知人入会者や直売入会者のほうが、定着率が高かった。創設期の中心グループだけでなく、知人入会者や直売入会者を獲得することが全体の定着率を高めるうえで鍵となることが示唆された。ただし、訪問入会者であっても半数近くは3年以上留まっていることから、視察者・観光客を積極的に呼び込むことも重要といえる。

４．直売入会者の重要性

　前述の3年以上在籍率に関する分析に入っていない2015年度、および、7月までではあるが2016年度の新規入会者数はおのおの11名、8名、そのうち5名ずつが直売入会者であり、直売入会者の割合が増している。直売入会者は近年の会員数を増やすうえでも貢献している。加えて、行事などの交流の拠点として不可欠な郷見庵の維持管理費は、出品料として支払われる売り上げの一部で賄われており、交流施設の維持管理面においても貢献している。

３．３．３　ふるさと会会員の拠り所としての交流施設

１．直売所の運営内容

　郷見庵の前身は、被災状況の新聞切り抜きなどを展示するコンテナハウスを設置したことに始まる [4]。その側にテントを張って野菜などを置いた簡易直売所の経験が、郷見庵の1階を直売所、2階を休憩所・震災資料館とすることにつながった。青果と精肉の生鮮食品のほか、加

工食品、手づくりの手芸品や木工品などが出品者ごとの区画に並べられ、各区画に代金入れが置かれている（写真3-2）。2、3人の店番が商品内容を説明し、訪問客は代金入れに支払う仕組みとなっている。店番は原則として集落住民の出品者が担うが、都合が悪いときは都市住民の出品者が店番に入る。店番の人件費は出品料として支払われる売上げの一部が充てられているが、原資不足から十分な支払いはできていない。しかし、店番は自分の商品を出品していることや、遠方からの訪問客をもてなしたいという気持ちから問題

写真3-2　出品者ごとに分けられた区画
（2016年9月14日撮影）

視はしていない。聞き取りによると、都市住民の店番には被災した集落住民を支援したいという気持ちも大きいとのことである。

2．出品者の出品動機

　集落住民を支援したいという気持ちは随所にみられる。出品者のうち、マリの会や準区民の会からの入会者や知人入会者は儲けたいというより集落住民の役に立ちたいという気持ちが強い。前述の分析において直売入会者は出品を目的として入会する者として定義したが、直売入会者以外にも出品者はいる。2010 〜 2016 年度の全出品者は、集落住民3名、マリの会からの入会者7名、準区民の会からの入会者2名、知人入会者2名、直売入会者25名の合計39名であり、全在籍者200名の20%に

当たる。

　このうち、看板商品の神楽南蛮味噌を出品しているマリの会からの入会者（70代女性）は、直販してほしいという購入客の申入れを断ったという。郷見庵を訪れなければ購入できない商品とすることで少しでも多くの人に実際に訪れて欲しいと考えている。

　同様に目玉商品となっている昔ながらの糠釜で炊いた神楽南蛮味噌おむすびを出品している準区民の会からの入会者（80代男性）は、製材の職歴を生かして木工品を出品するほか、郷見庵の施設周辺に一服できる机や椅子、毎年10月23日の震災の集いで使われる屋根付き舞台、おむすびと和牛煮込みを販売するおもてなし屋台などをつくっており、資材提供から創作までの一切を司っている。また、希望者には水没家屋を指し示しながら震災当時の様子を解説している。

　さらに、この男性に誘われて入会した知人入会者（70代女性）は、集落住民を支援する気持ちで集落住民が耕作できなくなった畑に野菜を作付けして販売している。前述の2名も神楽南蛮味噌で使う神楽南蛮を山古志産にこだわるため、自らの居住地近辺の畑で作付けするのではなく集落住民から畑を借りて作付けしている。とくに準区民の会からの入会者は生産・加工・販売に携わる「山古志かぐらなんばん保存会」に入会するまでになっている。

　ただし、都市住民が一方的に支援するという関係性ではない。三者それぞれが口を揃えるのは、「人がいいのか、自然環境がいいのか、体調が悪くてもここへ来て作業をすると気持ちがよくなる」ということである。自分の趣味や職能が認められたという満足感も得られるという。銘々が得意分野で力を発揮して相補い、穏やかな時間を過ごせる場となっている。また、ふるさと会の行事の非開催日でも直売所へ行けば誰かが店

番や作業をしており、お茶を飲みながら話をできる環境は、定期的に出品・集金に訪れる出品者だけでなく、出品していないふるさと会会員をも集落に向かわせている。

3．運営する集落住民の工夫

　直売所が物理的にも心理的にもふるさと会会員の拠り所となるよう、運営の中心を担っている集落住民は次のような工夫をしている。まず、12月から3月の積雪期以外は午前10時から午後4時まで年中無休で営業している。訪問客に対しては居心地が良いと感じてもらえるようお茶を出して気さくに話しかける一方、必要以上に客扱いはしていない。一例として、代金入れに支払う購入方法や、店番の手が回らないときには客自らが袋詰めすることなどが挙げられる。

　そのほか、出品に関心を持った訪問客には、試行的に出品してもらった後に正式にふるさと会入会を持ちかけるなど、心理的垣根を下げる工夫により出品者とふるさと会会員の獲得に努めている。また、出品していないふるさと会会員に出品を勧めることで、日常的に集落を訪れる人を増やす努力をしている。

4．直売所を通じて醸成された農村協働力

　以上のように直売所活動を通じて醸成された会員間の協力関係は農村協働力として発揮されている。象徴的な出来事は、2015年8月に行われた集落区長のM氏の葬儀である。M氏は自分の葬儀を集落で執り行うこと、それを自らが会長を務めてきた山古志闘牛会とふるさと会に託すことを遺言した。会葬御礼の袋詰めや通夜振る舞いの調理など数日間をかけて準備され、盆唄と盆太鼓に見送られるなかの出棺であった。「山

古志木籠ふるさと便り」というふるさと会会報では追悼特集号が2015年10月に発行され、複数の会員によってM氏への思いが綴られた。

5．ふるさと会と直売所の世代交代

　牽引してきたM氏を失い、ふるさと会と直売所の運営は新たな局面に入っている。2016年5月の総会では2010年のふるさと会設立以降初めて役員が改選された。会長には副会長だった集落住民（50代男性）、副会長にはM氏の30代の息子が新たに就任した。あと一人の副会長にはこれまで事務局を担ってきた都市住民（70代男性）が留任し、活動が滞らないような体制となっている。一方、直売所の店番はM氏とその配偶者（70代女性）および集落住民（70代女性）だったが、2016年度からはM氏の後継をM氏の30代の娘が担い、ふるさと会と同様に世代交代している。

3.3.4　おわりに

　本報では、2004年新潟県中越地震によって急速な世帯数の減少と高齢化に直面した集落に設立された都市農村交流団体「山古志木籠ふるさと会」の持続要因を明らかにすることを目的とし、参与調査と名簿分析をもとに、会員の獲得と定着の面から検討した。その結果、創設期の中心グループを母体としながら、多様な方法で会員の獲得が進められていた。会員の定着率を高めるうえでは、会員知人を獲得するほか、交流施設に直売所を設けて出品者を交流団体の会員にする仕組みをつくり、出品者を確保することが有効であることが示唆された。交流施設を直売所とすることで行事がないときでも会員が常時集える空間となり、物理的

にも心理的にも会員の拠り所とすることができる。

　交流団体が持続するうえでは、行事開催による散発的交流だけでなく、直売所活動を通した日常的交流が鍵を握っている。

【引用文献】

1) 農林水産省：土地改良長期計画,
   http://www.maff.go.jp/j/press/nousin/keityo/attach/pdf/160824-1.pdf（参照 2016年9月1日）

2) 藤木庄五郎, 星野　敏, 中村省吾, 橋本　禅, 九鬼康彰：都市住民による中山間地域への継続的支援組織の形成プロセス−京都府「ふるさとボランティア」を事例として−, 農村計画学会誌 31 論文特集号, pp.285 〜 290（2012）

3) 坂田寧代：伝統行事を介した震災復興のコミュニティ再編, 水土の知 82(3), pp.15 〜 18（2014）

4) 坂田寧代：震災復興のコミュニティ再編における外部者の編入, 水土の知 82(10), pp.27 〜 30（2014）

5) 山古志木籠ふるさと会：山古志木籠ふるさと会申込フォーム,
   http://yamakoshikogomo.com/form（参照 2016年11月8日）

3.4　都市住民と協働した農村地域における災害復興モデル

3.4.1　研究の背景と目的

　農村地域における人口減少や高齢化を背景として新たな土地改良長期計画では農村協働力がキーワードに挙げられ、農村地域における関係性の構築が重視されている[1]。一方、2016年から2030年までの国際目標であるSDGs（Sustainable Development Goals：持続可能な開発目標）には自然災害に対する強靱性（レジリエンス）の強化が掲げられており、気候変動や自然災害に対する取り組みが各国に求められている[2]。自然災害によって被災した地域で農地や生活関連施設の復旧に加えて集落を越えた新たな関係性が構築されれば、復興の先行事例となるのみならず、縮減化する農村地域の新たな可能性を示すことにつながると思われる。

　自然災害とりわけ地震災害に関する研究は東日本大震災を契機として数多くある。復旧に携わる現場技術者の経験を散逸させることなく継承することの重要性を説いた有田らによる「現場知」に関する一連の研究[3]と普及書[4]は、実務に直接働きかけ実効性が高い。地域コミュニティの側面からは、東日本大震災の後に補論を加えて集落再編を体系的に整理した福与[5]があるほか、広田[6]は、東日本大震災被災地の復興の一手段として「拡大コミュニティ」の形成、すなわち、非定住者による安定的・持続的なコミュニティ参加の仕組みを作りあげることを提案した。また別報（広田[7]）では、出身者、交流者、関心者が被災地の定住コミュ

ニティとの関係を持続・発展させて、萌芽的な「拡大コミュニティ」を形成しつつある例もみられるとしている。

　本報文では、2004 年新潟県中越地震（以下、「中越地震」という）により被災した旧・山古志村（現・長岡市山古志地区）東竹沢地区の木籠集落を中心として、活動の場づくりを通した社会関係の形成に関して、主に 2016 年度に実施した調査をもとに整理する。具体的には、木籠集落による拡大コミュニティともいえる取り組みのほか、東竹沢地区の残りの集落である梶金^{かじがね}集落、小松倉^{こまつぐら}集落との連携、さらには他の被災地との交流をまとめる。農村地域において復興過程でどのように社会関係が形成されたかという事例の蓄積は、防災減災対策の検討材料となるのみならず、縮減化する農村地域の価値を見直すことにもつながると思われる。

　調査は各団体の活動への参加による参与観察と各団体の主導者および関係者に対する聞き取りをもとに進めた。参与観察を通し、活動内容と社会関係の把握に努め、聞き取りを通し、設立経緯などを捕捉した。

３.４.２　水没家屋の保存と都市農村交流団体

１.　水没家屋の保存

　木籠集落は、中越地震により集落を貫く芋川の下流の斜面が崩落し河道をせき止めたため、全 24 世帯（住民基本台帳上 25 世帯）のうち 14 世帯が水没し、水没した世帯は集落内の傾斜地に造成した高台の団地に集団移転した（図 3-2）。山古志村には全村避難指示が出されていたが、木籠集落は水没という大きな被害を受けたため、避難指示解除は近隣集落とともに最も遅い 2007 年 4 月となり、仮設住宅からの帰村も最も遅

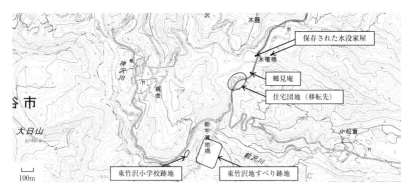

注）国土地理院の電子地形図（タイル）に関係地点を追記して掲載。

図3-2　調査地

い2007年12月末となった。帰村後の2008年10月の世帯数は14世帯（住民基本台帳上17世帯）であった。

　水没した家屋の保存経緯は、2012年度までは石原・松村[8]に整理されている。それによれば、水没した集落の土地と家屋は国有地として買収され、国土交通省北陸地方整備局湯沢砂防事務所が解体する予定だったが、中越メモリアル回廊推進協議会（近隣市町村と中越防災安全推進機構から構成）が「災害メモリアル拠点整備基本構想」のもと同事務所に保存を働きかけた結果、保存ではなく存置という形で当面は現状維持することが決定された。

　その後、地域住民の要請により、市、国、県の協力のもと、中越防災安全推進機構が事業主体となり、新潟県中越大震災復興基金を財源として、2015年10月に保存事業が着手され、2016年10月23日に木籠集落水没家屋保存完了報告会が行われた。

　水没家屋が存置から保存に至った背景として、東日本大震災を受けて震災遺構の保存に関する議論が盛んになっていたことが背景にあると考

えられるが、「山古志木籠ふるさと会」（以下、「ふるさと会」という）
の活動実績も功を奏したと思われる。この団体は木籠集落の活動を支援
しており、活動にあたっては集団移転の団地の一角の水没家屋を見下ろ
せる場所に建てられた交流施設「郷見庵」のほか、集会所、神社といっ
た新潟県中越大震災復興基金によって新築・修繕された施設を利用して
いる。ふるさと会に関しては坂田[9]〜[13]が発表しているが、以下では、
組織運営の工夫や社会関係の視点からまとめる。

2．都市農村交流団体「ふるさと会」の設立まで

　ふるさと会は、自主的な同好会である「山古志マリの会」（以下、「マ
リの会」という）から始まり、まちづくりを専門とするコンサルタント
が関与した「山古志木籠集落準区民の会」（以下、「準区民の会」という）
を経て段階的に発展してきた。

　マリの会の結成のきっかけは、2007年5月に闘牛場で行われた中越
地震をテーマにした映画撮影会である。「牛の角突き」と呼ばれる闘牛
の会長を務めたM氏（60代の男性）は、エキストラやボランティアと
して三条市などから集まった都市住民を木籠集落の田植えに誘った。M
氏は、2005年から2015年まで木籠集落の区長も務めた人物だが、中越
地震で人口が半減することを避難生活のなかで聞き及び、半減する分は
都市住民などで補う「仲間づくり」をしようと構想していた。田植えに
参加した50代、60代の男女6名が同年6月にM氏夫妻を会食に招待
してマリの会が結成された。会の名前は映画のタイトルに由来している。
マリの会を母体として2008年7月には準区民の会が設立された。これは、
2008年度からコンサルタントが木籠集落の集落再生計画の立案等に関
与することを契機としたものである。コンサルタントの集落再生計画に

関する関与は2009年度で終了し、2010年5月にふるさと会が結成され
た。コンサルタントは住民主体の組織運営が行われることを意図し、体
会員として関わりながら活動を見守るという形をとった。

3．実行主体としての中心メンバー

　会員構成は、マリの会と準区民の会では基本的に外部者のみで構成さ
れているが、準区民の会ではM氏が集落住民として加わっている。対
して、ふるさと会では集落住民も加わる形となった。会の代表者はマ
リの会では外部者I氏（60代の男性）、準区民の会とふるさと会ではM
氏となっている。事務局は、マリの会ではI氏が務めており、準区民の
会ではコンサルタントが担当していた。準区民の会では、マリの会は団
体として加入していたため、I氏はマリの会の事務局を継続していた。
ふるさと会ではマリの会が発展解消して団体加入から個人加入となると
ともに、前述のようにコンサルタントが関与を控えるようになったため、
I氏が事務局を担っている。

　マリの会からふるさと会に至るまで一貫して組織を方向づけてきたの
は、M氏とI氏である。準区民の会におけるコンサルタントの関与は
彼らを支えるに留まるものである。M氏が方向性を示し、I氏が事務的
作業を行うとともに会員の動向に目配りしてきた。さらにマリの会から
入会している会員が中心となって行事の炊き出しや会場設営などの裏方
仕事を率先して行い、両氏を支えてきた。I氏によると、「たまたま気
のいい奴らが集まって活動をやってきたら続いただけ」という。仕事も
家庭も一段落した50代以上の男女による同好会から始まった点に特長
がある。役員にせよ会則にせよマリの会以降定められてはいるが、それ
らに囚われず柔軟な活動を展開しており、形式ではなく実質を重視して

いる点にも特長がある。

4．外部者と集落住民との関係性

　三つの団体を特徴づけるものとして、外部者と集落住民との関係性が挙げられる。マリの会および準区民の会では、外部者が集落住民を「支援する」という関係性であるのに対し、ふるさと会では外部者も集落住民も対等な関係性で「ともに楽しむ」ことが重視されている。

　こうしたマリの会・準区民の会からふるさと会への関係性の変化の背景には、集落住民にとっても「支援されるばかりでは心苦しい」という気持ちがあった。とくに M 氏は、義務感や使命感に駆られた活動は継続しないことを準区民の会の経験のなかで心得て、外部者にも自分の楽しみのために参加してほしいと考えていた。ただし、外部者の気持ちのなかには、ふるさと会となってからも集落住民を支援するという姿勢がまったくなくなったわけではない。これはたとえば、外部者が郷見庵を訪れた客に対しふるさと会のことを説明する際に「支援」という言葉を使ったり、行事の際に惜しみなく物資を提供したりする様子からうかがえる。

5．組織運営の柔軟性に起因した自由な雰囲気

　以上のように、関係性を柔軟に変化させてきたほかにも活動を継続させるうえでの工夫は随所にみられる。まず、組織運営における柔軟性である。マリの会からの会員複数名によると、やってみたい活動はすべて実現してきたといい、「なんでも否定せずやろう」という雰囲気があったという。様々な行事が試行錯誤された結果、年間行事の定型が形作られている。

　会員構成はマリの会を中心としながらも、新しい会員も積極的に勧誘
し、100世帯を超す会員数となっている。会員が知人を勧誘する場合や、
水没家屋と郷見庵の訪問客を勧誘する場合がある。これらの訪問客に田
植え・稲刈り、ちまきづくり、ソバ打ち、「さいの神」（五穀豊穣や無病
息災を願って木の枝で組んで藁を巻きつけた櫓を燃やす小正月の伝統行
事）などの行事に参加を呼びかけ、参加する過程で会員になることを勧
める。会員になって初めて行事に参加できるというのではなく、試行期
間が設けられているところに巧みさがある。また、参加も毎回の参加を
強いられる雰囲気はなく、M氏の「何回かに1回参加してくれれば会
は成り立つ」という言葉通り、会員は参加できるときに参加する結果、
毎回数十名以上の参加がある。さらに、会員同士の上下関係をつけない
ようにするため、「さん」づけでお互いを呼び合うこともM氏が心がけ
会員に広まった点である。会員は必要以上にお互いの身上を尋ねず、社
会的属性を横に置いて活動を楽しむことを暗黙の了解としている。ある
会員はふるさと会を「訳あり会」と称した。自身の病気や家族の問題な
ど、様々な困難を抱えた会員にとって、ふるさと会の活動への参加は気
を晴らし日々の活力を得る場になっている。
　こうした柔軟性や自由さは、「また行きたい」という思いを抱かせ、
参加者の確保と維持に少なからず貢献している。

3.4.3　東竹沢小学校跡地の整備と集落連携

1.　集落連携団体「やまこし東竹沢村」による東竹沢小学校跡地の整備
　中越地震において河道閉塞の原因となった崩落は、東竹沢小学校に向
かって生じた。東竹沢小学校は2000年に閉校していた。河道閉塞で生

じたダムの湛水を緊急排水するため東竹沢小学校の横に仮排水路を掘削し排水していたが浸食が大きくなったため、東竹沢小学校の校舎のなかにパイプを通し排水した。校舎は砂防工事と国道工事のため 2005 年に解体されたが、閉校時に埋めたタイムカプセルが解体前に掘り起こされた [14]。2010 年にはタイムカプセルの開封のほか、解体のため避難させていた記念樹が東竹沢小学校跡地に戻された。

このように中越地震の象徴的な場所であり、東竹沢地区の住民にとって思い入れの深い東竹沢小学校跡地を整備し、年に 1 回でも住民が集える場所にしたいと地域活動に積極的な梶金集落の S 氏（50 代の女性）は構想した。S 氏によると、東竹沢地区の運動会といった公民館分館の行事は東竹沢小学校の教員が事務作業を担当するなど、地域と小学校との関係は密接だったという。もともと東竹沢地区では公民館分館活動として、県内の大学生と田植え・稲刈りを通じて外部と交流していたが、中越地震によって交流が途絶えた。中越地震後は仮設住宅の近隣住民などと田植え・稲刈りや雪中貯蔵などを通して交流してきた。こうした公民館分館活動の延長線上として活動が構想された。S 氏によると、木籠集落を中心に展開されているふるさと会の活動に負けたくないという思いもあるという。

公民館分館活動と同じ東竹沢地区の全住民という構成員で「やまこし東竹沢村」という団体が、長岡市地域コミュニティ事業の補助を受けるため、2012 年 4 月に結成された。補助金を受けたのは整備に着手した 2012 年度のみである。団体の代表者は小松倉区長、役員は残りの 2 集落の区長と S 氏夫妻である。会則や名簿は作成されていない。

代表者自ら重機を操作し畑として利用できるよう整備し、整備後の定期的な除草も代表者が労力と費用の多くを負担している。呼びかけのチ

ラシづくりや会計は S 氏が担当している。上地は長岡市の所有であるため、永年性作物ではなく一年性の観賞花を植栽している。

　小松倉区長 O 氏（60 代の男性）によると、中越地震後の復興は集落単位で進められてきたが、やまこし東竹沢村として東竹沢地区で集まれたのは一つの成果だという。ふるさと会、東竹沢地区の公民館分館、やまこし東竹沢村、それらが一緒になって活動していく可能性があると話していた。2017 年 10 月 23 日にはこれらの団体が協力して映画のモデルにもなった犬を追悼する場がその犬が飼われていた梶金集落の一角に設置された。

　東竹沢小学校跡地の整備を通じて東竹沢地区の 3 集落が連携し、新たな活動を展開していく素地が形成されている。

2．東竹沢地すべり跡地での防災運動会

　M 氏の構想では、水没家屋と東竹沢小学校跡地のほか、防災の拠点として、河道閉塞の原因となった崩落の跡地も地域住民が利用できるようにすることが計画されていた。この崩落の跡地である「東竹沢地すべり跡地」は地域住民に「山古志平野」と呼ばれており、付近では稀な平らな場所である（図 3-2）。木籠集落の水没は下流に被害が及ぶことを防ぐための苦渋の決断の結果だったが、決断の中心となった M 氏はこの経験を通じて上下流の連携の重要性を認識し、上下流の集落をつなぐ防災拠点としてこの場所を整備したいと考えていた。湯沢砂防事務所などの協力のもと、上下流の集落に声が掛けられ、2014 年 8 月に防災運動会と夜には山古志地区全体の「やまこし夏まつり 2014」が開催された。しかし、防災運動会の開催はこのときの 1 回に留まり、やまこし夏まつりは従来の場所に戻った。2015 年の M 氏の逝去後、目立った動きは出

ていない。

　やまこし東竹沢村の代表であるO氏によれば、土地は国の所有であり、この場所にトイレなどを設置することも検討したが、維持管理の負担が大きいため見送ったとのことである。地すべりの状況を説明したボードが湯沢砂防事務所により設置されるに留まっている。

３.４.４　水没家屋の見学をきっかけとした被災地間交流

１．福島県南相馬市との交流

　ふるさと会では中越地震の際に全国からの支援で受けた恩を返そうと他の被災地への訪問を続けてきている。福島県南相馬市との交流はM氏が先導し、ともにM氏が会長を務めるふるさと会と山古志闘牛会[15]が被災地を訪問している。

　南相馬市との交流のきっかけは、2011年3月の東日本大震災で長岡市に避難していた住民に対し、M氏が同年5月に山古志の伝統行事「牛の角突き」に招待し、バスの帰路に水没家屋まで案内したことに始まる。同5月にふるさと会の行事である田植えへも招待した。避難所の代表者を務めていた避難者Sh氏（70代の男性）は、一緒に招待された高齢女性が水田に足をつけた途端、「うわぁ、田植え、昔したのよ」と言って顔をほころばせたことを複数回にわたり述懐した。Sh氏自身もTシャツの背面にふるさと会会員から激励のメッセージを書いてもらい、M氏の妻に「がんばれとは言わない、負けないで」と声を掛けられたことが心に染み入ったという。

　2011年11月には南相馬市に戻ったSh氏を訪ねる形でふるさと会と山古志闘牛会の訪問が実現した。仮設住宅の訪問では、ふるさと会から

の新米の贈呈のほか、会員であるアマチュア歌手によるコンサートが開
催され、訪問は2012、2013年と続いた。

　Sh氏は高齢にもかかわらずふるさと会の田植えと震災記念行事に
2016年度まで毎年木籠集落を訪れてきた。Sh氏が南相馬市に戻った後
も学齢期の子どもがいる家族は長岡市で住宅を再建していたが、それら
の家族も南相馬市からの返礼の桜の植樹をはじめとしてふるさと会の行
事に参加してきた。

2．兵庫県丹波市との交流

　兵庫県丹波市との交流は、同市が2014年8月16日に豪雨災害で被災
したことを受けて、同市の復興推進部長Y氏（50代の男性）がインター
ネットで検索して復興モデルを探すなかで長岡市にある地元大学の教員
の論文を読み、「この先生に会って話を聞いてみたい」と思ったことが
始まりである。Y氏を含め復興推進部の職員と女性グループの代表者が
中越防災安全推進機構の仲介で2016年3月に木籠集落を訪ねて水没家
屋を見学し、ふるさと会のもてなしを郷見庵で受けた。このときY氏
は郷見庵周辺の雪かきをしている会員がお互いに名前も知らないことに
驚いたという。社会的属性に囚われず労働に勤しむ「不思議な空間」が
繰り広げられていることに魅力を感じたという。

　丹波市から木籠集落へは丹波市復興推進部の職員の来訪が中心だった
が、2018年2月の豪雪時に市民劇団グループが訪れ、郷見庵で相互学
習を行ったほか、同施設の雪掘りと雪遊びを通じて雪国の暮らしを体験
した。

　また、丹波市では復興イベントを2015年から毎年8月に行ってきたが、
2016年のシンポジウムではふるさと会を代表してM氏の娘（30代）が

パネリストとして登壇したほか、会員が郷見庵で出品している品物を販売し、丹波市民と交流した。物販のほかにも、2017年は舞台上で盆踊りを披露し、2018年は前述の市民劇団グループに加わって演劇を披露した。

　丹波市でも、水没家屋を中心として、ふるさと会の田植え・稲刈りを体験する水田があり、郷見庵があり、集会所で交流するという木籠集落と同様の形を模索しているという。具体的には、新しく造成された砂防堰堤（えんてい）を中心として、小学生などが防災学習をできる場を提供し、豪雨災害で土砂が流入し水田としての利用が困難になった農地にアジサイを植え付け、大学生を中心とした都市住民との交流の場とする（写真3-3）。また、収穫したアジサイを農業法人がプリザーブドフラワーとして出荷するための下処理を、女性を中心とした集落住民が集会所で行う。さらには、被災した古民家を大学の協力のもと改修し交流の場とすることが進行中である。これらは、水没家屋を中心として郷見庵・集会所・水田が一つの集落内に立地しているのと同様に、砂防堰堤を中心として古民家・集会所・アジサイ畑が一つの集落内に立地しており、往来がしやすくなっている。

　水没家屋周辺は、湯沢砂防事務所によって「芋川砂防

写真3-3　丹波市の砂防堰堤とアジサイ畑
（2017年11月27日撮影）

アジサイ畑

フィールドミュージアム」として位置づけられているほか[16]、中越防災安全推進機構によって中越メモリアル回廊を構成する「木籠メモリアルパーク」に位置付けられていることから[17]、たとえば長岡市で開催された学会の関係者が訪れるなど、スタディツアーが行われている（写真3-4）。それにならい、丹波市でも、防災、食、森林資源を柱としてスタディツアーを企画している。

　以上のように、水没家屋・砂防堰堤という災害関連施設を中心とした、都市住民と協働した復興・振興のモデルが被災地間交流によって継承され実現されようとしている。

写真3-4　水没家屋のスタディツアー
（2018年6月20日撮影）

3.4.5　都市住民と協働した農村地域における災害復興

　被災した家屋や小学校などが整備された結果、都市農村交流、集落連携、被災地間交流が進んできたことが明らかになった（表3-11）。
　ふるさと会のような住民の意思により自発的に取り組まれてきた組織の運営では「自由さ」が重要な点として挙げられる。会への加入・脱退、行事への参加・不参加は、水没家屋の見学や郷見庵の利用を通してフローとして一定の会員の加入があるからこそ成り立つと考えられる。また、

表3-11　東竹沢地区の活動の場と活動団体

活動の場	水没家屋，郷見庵	東竹沢小学校跡地	東竹沢地すべり跡地
活動団体	ふるさと会 （2010年5月〜）	やまこし東竹沢村 （2012年4月〜）	ふるさと会ほか山古志地区住民
活動内容	集落行事 交流行事	花植え	防災運動会など （2014年8月）
交流形態	都市農村交流 被災地間交流	集落連携	集落連携

　行事の企画・立案をはじめとして、I氏とその脇を固めるマリの会からの会員の貢献が大きいこと、役員はもちろん会員各人が自らの役割を意識し、行事のときには自分が得意な面を活かした協力を惜しまない点も特長として挙げられる。料理の準備、畑仕事、植木の手入れ、木工細工、文章作成と写真撮影を通した会報・ホームページの作成、様々な面で趣味や特技や職能を生かした貢献がみられる。こうした貢献は、M氏の人柄によるところが大きい。S氏によれば、M氏はワンマンのリーダーではなく、その気にさせていつの間にかやらせるタイプであったという。客人として遇さずそれぞれが得意な仕事をM氏が割り振り、会員は仕事に対して感謝されることによってやりがいを得るという流れが形成されていた。台所仕事を預かる女性陣に対してはM氏の妻が的確に仕事を割り振り、常に感謝の気持ちを表していた。こうした陰ながらの努力がM氏というリーダーの喪失後に自然消滅することなく続いている理由の一つと思われる。ふるさと会の会長は区長（50代の男性）に継承されたが、副会長と山古志闘牛会の会長はM氏の息子（30代）が、郷見庵の運営は前述の娘が引き継ぎ、その娘によって被災地間交流が積極

的に展開されている。

　ふるさと会の活動は集落間の競争意識を刺激して東竹沢小学校跡地での活動を新たに生み出すきっかけともなった。中越地震後は各集落が単独で復旧復興に取り組んできたが、東竹沢小学校跡地での活動を通じて初めて集落間での連携が実現した。

　被災地間交流においては、ふるさと会の自発的な取り組みを手本にしようと他地域から視察に訪れるだけでなく、ふるさと会からも現地を訪問するなど、双方向の交流が生まれている。とりわけ、丹波市との交流においては、素性を詮索しないフラットな関係性のふるさと会を丹波市が理想とするとともに、水没家屋に代わる砂防堰堤を中心とした復興モデルを模索している。

　いずれの取り組みも関係者の「思い」がきっかけとなり、結実しているものばかりである。組織を持続させるために行っているわけではなく、思いがあるからこそ続いている。農村地域における災害復興・振興において組織運営や活動の場づくりの面で本事例から学べる点は多いと思われる。

【引用文献】

1)　農林水産省：土地改良長期計画について,

　　http://www.maff.go.jp/j/press/nousin/keityo/attach/pdf/160824-1.pdf

　　（参照 2018 年 7 月 27 日）

2)　国際連合広報センター：持続可能な開発目標（SDGs）報告 2018,

　http://www.unic.or.jp/activities/economic_social_development/sustainable_

　　development/2030agenda/sdgs_report/（参照 2018 年 7 月 27 日）

3) 有田博之, 友正達美, 橋本　禅:震災経験を今後の災害復旧に生かす「現場知」の収集, 水土の知84(6), pp.19 ～ 22（2016）

4) 東日本大震災復旧・復興研究会:現場知に学ぶ農業・農村震災対応ガイドブック 2018（2018）

5) 福与徳文:地域社会の機能と再生－農村社会計画論－, 日本経済評論社（2011）

6) 広田純一:地方をめぐる昨今の議論と農村計画学研究, 農村計画学会誌34(1), pp.4 ～ 7（2015）

7) 広田純一:震災から5年, 津波被災地の今とこれから, 農村計画学会誌34(4), pp.385 ～ 386（2016）

8) 石原凌河, 松村暢彦:維持管理の観点から見た災害遺構の保存に関する研究－雲仙普賢岳噴火災害・中越地震の災害遺構を事例として－, 都市計画論文集48(3), pp.861 ～ 866（2013）

9) 坂田寧代:伝統行事を介した震災復興のコミュニティ再編, 水土の知82(3), pp.15 ～ 18（2014）

10) 坂田寧代:震災復興のコミュニティ再編における外部者の編入, 水土の知82(10), pp.27 ～ 30（2014）

11) 坂田寧代:都市農村交流団体の会員特性からみた持続要因, 水土の知85(1), pp.23 ～ 26（2017）

12) 坂田寧代:生産基盤・生活環境の復旧と支援の課題, 特集 農村型震災からの地域復興－中越地震復興の経験から－, 農業と経済83(4), pp.56 ～ 61（2017b）

13) 坂田寧代:コミュニティ再編を支える農村アメニティと施設整備, 水土の知85(4), pp.37 ～ 40（2017）

14) 国土交通省北陸地方整備局湯沢砂防事務所:芋川砂防かわら版－創刊号－, http://www.hrr.mlit.go.jp/yuzawa/sabo/chuetsu/kawaraban/no1.pdf （参照2018年7月27日）

15）坂田寧代, 藤中千愛, 落合基継：伝統行事「牛の角突き」復活後の地域外者の地域への参画, 水土の知 85(1), pp.43 〜 46（2017）

16）国土交通省北陸地方整備局湯沢砂防事務所：芋川砂防フィールドミュージアムとは, http://www.hrr.mlit.go.jp/yuzawa/saboumuseum/sfm/index.html（参照 2018 年 7 月 27 日）

17）中越防災安全推進機構：中越メモリアル回廊ご案内,

http://c-marugoto.jp/activities/（参照 2018 年 7 月 27 日）

第4章
山古志木籠ふるさと会の「ふるさと便り」から

　本章ではブレイクタイムとして、山古志木籠<ruby>木籠<rt>こごも</rt></ruby>ふるさと会が3、6、9、12月と、3カ月に1回発行している「ふるさと便り」に筆者が執筆した文章からいくつか選んで転載する。ふるさと便りは、中越地震後に避難所となった高校体育館で教員をしていた女性が執筆・編集を担当し、事務局長が監修している。執筆・編集にあたっては共感や寄り添いを大切にした柔らかい文章を心がけているという。そのほか、会長挨拶や会員からの寄稿で構成されている。印刷は同会の前身である山古志木籠集落準区民の会で支援的役割を果たしたコンサルタントが長らく担当しており、100部にのぼる印刷物を折り込んで封筒に詰める作業は有志が担っている。筆者は数年前から部分的に執筆を担当することがあった。

　さいの神、お盆の祭礼は木籠集落の年中行事であり、とくにお盆の祭礼は中越地震を題材とした映画が2007年に撮影されたが、その年からずっと継続してきた。避難先の長岡市市街地の仮設住宅から木籠集落の諏訪神社まで戻り、お社以外は電気がない真っ暗闇で踊ったことは、山古志木籠ふるさと会の前身となった山古志マリの会から在籍している会員の語り草になっている。

　一方、里芋掘り、郷見庵<ruby>郷見庵<rt>さとみあん</rt></ruby>感謝祭は、集落住民以外の会員が中心となって企画し行われるようになった交流行事である。交流行事にはほかにも田植えや稲刈りなどがあるが、筆者が山古志に滞在した2021、2022年度はコロナ禍の真っ最中だったため、飲食を伴うものは見送られ、参集範囲を狭めて実施された。田植えや稲刈りは作業後に飲食を伴うため集落住民を中心とした有志で行われた。また、郷見庵を訪れ歓談したり手伝ったりする人も山古志木籠ふるさと会の中心メンバーに限られた。しかし、2023年5月8日に新型コロナウイルス感染症が5類感染症に移行されてからは、たとえば、チマキ・笹団子づくりの復活がみられ、行

事参加者や郷見庵への来訪者の数が増加している。

　なお、同じ行事であっても筆者自身の受傷前後にあたる 2021 年度と 2022 年度で筆致が異なり、改めて心境の変化に気づく。本章では省略しているが、ふるさと便りには写真がふんだんに掲載されているため、読みやすくなっている。

4.1 2021年度：コロナ禍、受傷前

4.1.1 集落行事お盆の祭礼「ホラ貝、笛、太鼓の音」
(2021年9月5日発行：第46号)

　15日（日）は午後2時過ぎから諏訪神社の飾り付けをしました。孝一郎さんが刈ってきた萩とススキを上から七・五・三の縄でしめていきます。「咲いていた萩がよくあったね」とキミさん。久江さんはお社の中を掃き清め、優子さんと児玉さんは幟旗を揚げました。扇風機や蚊取り線香も用意し、準備万端です。3時、公民館で供物が準備され、太夫様は御幣などを整えられました。4時、仕事から駆けつけた富栄さんも加わり、神社のそばから行列をなしてお社に向かいます。吉幸さんが吹くホラ貝の音が皆さんに始まりを告げます。
　祝詞奏上、太夫様の笛の調べに耳を傾け、玉串を捧げて祈願しました。幸治さん、石井さん、智美さん、皆さんお参りしました。盆踊りは今年も叶いませんでしたが、孝一郎さんが叩く力強い太鼓の音でご先祖様をお見送りしました。9時、誰もいなくなった境内には、幻想的な灯りが浮かび上がっていました。

4.1.2　交流行事の里芋掘り「里芋、大豊作！」
（2021年12月1日発行：第47号）

　5月10日（月）に金井さんご夫妻、斎藤さん、石井さんが植えた里芋が大きく育ち、10月14日（木）、里芋掘りが行われました。17日（日）に予定されていましたが、その日からずっとぐずついたお天気ということで、急遽掘ることに。青柳さんご夫妻、高野さん、勇五郎さん、久江さん、優子さん、リイさん、キミさん、智美さん、島田さんが集まりました。掘る人、洗う人、ヒゲをとる人、皆さん一生懸命手を動かします。皆の力で26箱にもなり、10月23日の感謝祭の芋煮と郷見庵での販売に十分な量です。9時半から始めて12時には終わりました。

　「大勢の力ってばスゴイね」「あっという間だね」「これは品評会に出したらよさそうな芋だね」「去年はふるさと会の芋が入賞したんだよね」「芋を逆さにして植えるといいんだよ」「深く根を張るから夏場の水が少ないときにいいんだよね」「でも枝分かれしにくいろ？」「そうだね」「昔は土垂（どだれ）がほとんどだったけど、今は石川早生とか五泉の帛乙女（きぬ）とかいろんな品種があるよね」「里芋はけんちん汁が一番だね」「のっぺ汁がおいしいね」。秋晴れの空の下、会話も弾みます。

　郷見庵には里芋を求めに来られる方が多いため、きっとあっという間になくなりますね。皆さん、お疲れ様でした。

4.1.3　集落行事さいの神「寅年、晴れの日のさいの神」
（2022年3月5日発行：第48号）

　前日までの連日の吹雪が嘘のような朝からの快晴。1月15日（土）、

コロナ禍にもかかわらず、大勢の方々がさいの神のために集いました。9時過ぎ、郷見庵入口の除雪を始めている智美さんに、寺澤さん、石澤さん、中川さんが加勢します。滑らないように気遣う智美さんの張り紙が嬉しいです。吉幸さんなど心棒をナメコの山から切り出してくる人、カヤやワラを消防小屋まで取りに行く人、皆の力が結集します。トバづくりは、高野さんと久江さんの名コンビ。「薄く作ってうまいね」と久江さんが褒めれば、「そうしないと上まであげるのに重いからね」と高野さん。幸治さんや徹さんも手慣れた手つき、近藤さんは力を込めてトバを編み上げます。近藤さんは毎年、オンベ（御幣）を準備してくださっています。「治二さんに『おい、近藤！オンベをつくってきて！』って電話がかかってきて『オンベってなんですか？』って聞いたんだよね」といつもニコニコ話してくださいます。

　朝早くからの牛舎の作業を終えて富栄さんが登場。正治さんや孝一郎さんに代わり、ハシゴに乗って綱で縛るなど、さいの神の完成を主導します。三国さん親子、高山さんも駆けつけ、勇五郎さんも元気なお姿で完成間近のさいの神を見守ります。今年も着ぐるみの用意に余念がない島田さん。杉野さんと一緒にスルメや餅を竹竿に準備します。乙川さんから差し入れのミカンで一服休憩、皆で渇いた喉を潤します。トバづくりに力を尽くした近藤さんは、この間、キミさんに見送られて帰って行かれました。

　正史さんやかおりさん親子もみえ、富栄さん、幸治さんの手でオンベが飾り付けられて完成。片桐さん、甲田さん、新潟日報の樋口さんほかカメラマンによる記念撮影。寅年の年女の山本さん、坂田のほか、皆さんにより、11時45分に火がつけられました。火は一気に燃え広がり、それぞれの思いを乗せて、来たくても来られなかった方々の願いも乗せ

て、バチバチと音を立てて天高く燃え上がりました。総合指揮の石井さんにふるさと会の説明を受ける会員の岩手大学の広田先生も「らせん状に巻いていくんだね。岩手にも集落ごとにさいの神はあるけど、こんな形じゃなくて四角なんだよね」とのこと。

　御神酒の振る舞い、無病息災を祈りながら緩まった火にスルメや餅をあぶり、牛汁のおもてなしも受けました。2時頃まで歓談尽きないなか、火が消える頃に「間に合わないかもしれないと思ったけど」と駆けつけてくれた品川さん、児玉さん、森山さん、茂夫さん。

　阪神・淡路大震災の今年の灯りは「忘」に形作られたように、時間の流れの中で忘れてはならないもの、忘れたいこと、感謝の心は忘れずに一日一日を大切に歩みたいと思った寅年のさいの神でした。

4.2　2022年度：コロナ禍、受傷後

4.2.1　集落共同作業「今年もお盆前の道普請を終えました」
（2022年9月4日発行：第50号）

　猛暑が続くなか、11日（木）午前9時に郷見庵に集合してお盆前の道普請を行いました。鎮守様を中心に、道路班と分かれて作業します。お堂の中はキミさん・久江さん・リイさんが、埃払い・掃き掃除・拭き掃除を手際よく進めていきます。「大夫様が足袋になるここから先は特にきれいにしないとね」とリイさん。黙々と作業する久江さん。「こんなに綺麗になったのは初めてだね」とキミさん。「あんたが上手だからだよ」とリイさん。心配りや思いやりにあふれています。

　境内の掃除は、吉幸さん、孝一郎さん、闘牛の爪切りで来られない区長の富栄さんに代わって幸治さんが汗を流しました。7日（日）に吉幸さんが草刈りをしてくれていたおかげで、刈草の掃除や端っこの草刈りで済みました。地域外からの参加者は児玉さんだけでしたが、得意の写真だけでなくお堂の埃払いに加勢していました。小一時間経ったところで、店当番の合間を縫って智美さんがジュースを持って到着。熊騒動の話、豪雨災害の話、注連縄の話。みんなで話すこのひととき、かけがえのない時間です。

　この後、郷見庵ではキミさんと久江さんが燈籠の張替えをして準備万端です。台風が接近中とのこと。どうか15日（月）には降りませんように。

太鼓はたき、音頭とり、盆踊り。3 年ぶりに皆の笑顔の輪が咲きますように。

4.2.2　交流行事の里芋掘り「里芋掘り、大収穫！」
(2022 年 12 月 4 日発行：第 51 号)

　皆さんの日頃の精進のおかげでしょうか。10 月 16 日（日）はこの秋一番の青空が広がり、金井さんの音頭のもと、大勢の方が郷見庵の裏にある共同畑で里芋掘りに汗を流しました。朝早くから遠くは新潟市から集まられていて、頭が下がります。作業はまず茎から上を切り落とし、里芋を掘り出して丁寧に土を落としていきます。冬を越す保存用には土を付けたままがよいそうですが、郷見庵の店頭に並ぶためには綺麗に土を洗い流した方がよいとのことで、洗いの作業にも協力して取り組みます。今年の秋は急に寒くなった日もありましたが、今日は汗ばむほどの陽気。

　一段落したところで、杉野さんたちが公民館でこしらえた芋煮汁、新米のおにぎりが配られました。きめの細かい里芋が、松井さんの和牛と徹さんの舞茸から出た滋味深いおつゆの中でひときわ存在感を放っています。今年の稲刈りは台風の接近で急遽有志で行われたため、これだけの人が一堂に会するのは久しぶりです。こういう場で人生の先輩が掛けてくれる言葉の一つ一つは思いやりと機知に富んでいて心にしみわたります。皆さん、お土産の里芋を手にお腹も心も満たされたのでした。

4.2.3　交流行事「18年目の郷見庵感謝祭」
（2022年12月4日発行：第51号）

　10月23日（日）、中越地震から18年目の郷見庵感謝祭が開催されました。お天気が心配されていましたが、雨に降られることもなく、大勢の方で賑わいました。10時になると石井さんの合図で、参加者全員で黙禱を捧げた後、吉幸さんの会長挨拶に続き、津軽三味線と昭和歌謡のステージが繰り広げられました。津軽三味線は、湯沢町の「一文会」の皆さんの生演奏です。さすが全国コンクール準優勝の実力だけあり、力強さと繊細さを兼ね備えた素晴らしいバチさばきです。芋川をバックに奏でられる哀調を帯びた旋律に、心が揺さぶられます。ベティさんの笑いありの名司会もあり、アンコールだけでなく津軽三味線についての質問も飛び出しました。続いての歌謡ショーは、十日町市の「たばた会」の皆さんが豪華な衣装に身を包み昭和の名曲を歌い上げます。普段、田んぼや畑仕事に一生懸命な村の方もこの日ばかりはちょっぴりおめかしをして楽しみます。手拍子も出て盛り上がるなか、千葉のいぶきの会の皆さんから、豚もも肉1本分の手作りハムのお皿が配られました。いぶきの会代表の菅谷さんは「感謝の心が一番大切だ」とふるさと会の皆さんのことを大事にしてくださっています。11時半頃からは里芋掘りのときにも大好評だった芋煮汁が振る舞われました。肌寒いこの季節、具だくさんのお汁に身体の芯から温まります。百円均一フリマのほか、店頭には新鮮な野菜も各種取り揃えられ、コロナ禍前のような感謝祭の賑わいに華を添えました。三重県から遠路はるばる軽トラでお越し頂いた会員の原さん、新潟市からお友達と誘い合わせのうえサイクリングでお出で頂いた皆さんをはじめ、ご参加くださった皆さん、この日のために

いろいろな準備をしてくださった皆さん、本当にありがとうございました。

4.3　2023年度：5類感染症に移行後、受傷後

4.3.1　交流行事「笹団子・チマキづくりが久々に復活」
（2023年9月発行予定：第54号）

　梅雨の晴れ間の日曜日、コロナ禍以降、久々に公民館に集まって笹団子・チマキづくりが行われました。1階では、金井さんや源川さんが先生になって、初参加の乙川さん、佐藤さん、小山さんに笹団子の作り方を教えます。「昔はさぁ、田植えが終わる頃、米選機下（べいせんきした）のくず米を使って団子の粉にしたんだよね」と小山さん。小山さんはふるさと会のエゴづくりにも参加したことがあるそうです。「そうそう、線下（せんした）とも言って、本当に線の下に落ちるんだよね」と金井さん。加茂から初参加の佐藤さんは、「おばあちゃんが6月にチマキを作ってくれたけど、笹団子は初めてです」。「うちは笹団子は作っていたけど、チマキはなかったなぁ」と乙川さん。「地域で違うのかもしれないですね」と佐藤さん。

　2階では杉野先生のもと、チマキづくりです。カメラマンの数のほうが手を動かす人より多かったですが、島田さんや寺澤さんほか、皆さん真剣に取り組まれていました。郷見庵で売られているキミさん・智美さんがつくるチマキは正三角形ですが、杉野さんのは細長い二等辺三角形です。これも地域で違うのでしょうか。

　皆さんの努力の結果、正確な数はわかりませんが、たくさん出来上がりました。参加費500円でチマキ・笹団子づくりを体験できるだけでな

く、チマキ2個、笹団子2個のお土産付き、その場での試食付きです。乙川さんはお孫さんと一緒に自宅でもつくりたいと、笹団子キット（笹の葉、スゲ、あんこ、団子の粉の一揃え）をお買い上げまでされました。そして、恒例の集落の方々へのお裾分け。集落の方々へのお裾分けといえば、昼からは山本さんが寄付してくださったマリーゴールドや松葉ボタンなどの花植えが有志で行われましたが、マリーゴールドが女性陣のいるお宅に配られることになりました。木籠の庭先も鮮やかに彩ってくれることでしょう。

　今回の材料となった笹の葉は、有志の皆さんが若い内に摘み取ったものを杉野さんがゆでて冷凍しておいたもの。スゲも木籠の裏山で取ってゆでておいたもの。あんこはキミさんの小豆を杉野さんが煮ておいたもの。どれも天然物だけに手間暇がかかっています。こんな天然無添加の大地の恵みを1個100円や150円で買えるなんて、今時あり得ないですね。とりまとめに骨を折ってくださった石井さん、皆さん、大変お疲れさまでした。

第5章
1000年の歴史をもつといわれる
山古志「牛の角突き」

　本章では 1978 年に国の重要無形民俗文化財に指定され、山古志の観光の顔を担ってきた牛の角突き（闘牛）について、中越地震後の歩みの概要をまとめる。そののち、2020 年秋に筆者が闘牛オーナーになって以降、50 頭余りの闘牛が共同で飼育されている牛舎で給餌等の作業を体験させてもらったり、闘牛大会に参加したりするなかで、何気ない会話のなかから関係者の思いを感じたものを中心にまとめる。

　闘牛オーナーになった理由を問われれば、直感としかいいようがない。初めて牛の角突きを見たのはまだ石川県立大学に在籍していた 2009 年初場所だった。新潟大学に移り時折足を運ぶなかで山古志闘牛会のメンバーに顔を覚えられてからは、闘牛オーナーになることを勧められたが、牛が好きで真剣に取り組んでいる勢子（せこ）の姿をみて、研究目的の入会は軽々にはできないと感じていた。しかし、2020 年、恐らくコロナ禍に突入し入り込み客数の激減に直面していた点が大きかったと思うが、調査のたびに会長から勧誘を受けた。その頃には山古志角突き女子部が結成され、女性のオーナーも数名いて、「角突きは男性のもの」という固定観念は薄らいでいた。

　そうしたなか、10 月中旬に調査で郷見庵（さとみあん）を訪れていた際、岩手大学農学部の広田純一教授から、「国の重要無形民俗文化財なんだよ。僕だったら絶対に入るな」と言われ、「そういうものかな」と思いながら、松井キミさんからの勧めに応じて牛舎に立ち寄った。会長が作業する姿を見学するなか、翌々日に控えた岩手への買い付けの同行を誘われた。翌々日の土曜日の深夜にもう 1 名とともに出発し、8 時間ほどの長距離移動ののち地元の牛舎に立ち寄った後、平庭闘牛大会の会場に到着した。平庭闘牛大会は若い牛のお披露目の場であり、つなぎ場では出場前から値踏みが行われ値段交渉が繰り広げられているようである。取引できるの

は家畜商免許の保有者に限られており、先代の会長も現会長も保有者である。現会長から「牛は生き物で、値段はあってないようなもの。だまされるほうが悪い」という話を聞いて、プロとしての目利きを問われる世界の厳しさが感じられた。

　大会終了後は、会長の闘牛買い付けのため、「夏山冬里」の牧野を訪れた。夏山冬里とは、夏は牛を牧野に山上げし、厳寒の冬は里の牛舎に山下げして飼育するものである。緩やかな傾斜に無数の牛が放たれている様子に、幼い頃みた阿蘇山の草千里を思い出しながら、また異なる趣を感じていた。雄大な牧野で草を食む牛たち、それとは対照的な「丁々発止の世界」が隣り合わせていると知り、怖い物見たさ、好奇心がムクムクと頭をもたげてきた。ただ、帰路の車中で問われた際には、闘牛オーナーになることにまだ迷いがあり、返事を曖昧にしていた。

　東京電力福島第一原子力発電所事故以降は、買い付けた牛をその場でトラックに積んで帰ることができず、被ばく量検査を経て数週間後に再びトラックで取りに行かなければならないという。11月上旬、牛舎に連れてこられた牛は1頭、2歳の赤い牛（日本短角種）だった。牛の年齢は生まれた年を1歳として数える「数え年」であり、人間の年齢に換算するには牛の年齢を5倍すればよい。つまり、2歳の牛は人間にたとえると10歳の少年ということになる。

　この頃には闘牛オーナーになれればと考えていたが、どの牛にするかはまったく決めていなかった。会長からは、若い牛はある程度の年齢になるまで病気になったり闘牛場に慣れず「突く牛」になるか分からなかったりするため、8歳ぐらいの牛がよいと勧められていた。しかし、牛舎を一回りして牛たちの顔を眺めて、連れてこられた牛が力なく横たわっている姿に可愛さを感じ、二回りして「やはりこの牛にしたい」と思った。

豚のように上を向いたピンク色の鼻、キョトンとした目、ぬいぐるみを買うときの一目惚れのように、「この牛しかない」と思った。しばしその牛の前に佇んでいると、「一緒に写真は撮らなくてよいですか」と会長に聞かれ、ほかの見学者が撮ってくれることになった。恐る恐る牛の脇に近寄ると最初は気だるい視線を投げかけながら、さらに近づくと好奇心いっぱいの目を向けてくれた。「ちゃんとコミュニケーションが取れていますね」と撮影者に言われてこの牛を買うことが自分のなかで決定的となった。

　牛の名前はオーナーがつけることができる。屋号がつけられるのが伝統なのは、牛が一家を代表して闘い、家族の、集落の誇りだからである。屋号のない筆者は幾晩か考えて、撮影してもらった牛の写真を眺めているうちに、そのあどけない顔に「うしお」という名前が浮かんできた。「これなら小学生でも覚えられる」と思い、「潮」という漢字をあてた。筆者が長崎県出身で海が身近にあったうえ、新潟大学のある新潟市も海に近い。山がちの山古志で海とのつながりがあれば、山から海へのつながり、自身の所属する「流域環境学」プログラムにも縁があると考えた。また、岩手では牛方が海辺から内陸へ塩を牛の背に積んで運び、その道は「塩の道」と呼ばれていたことも、頭にあった。幸い、潮は若手のホープとして周囲から期待されながら、闘牛大会の場数を重ね研鑽を積んでいる。

　なお、執筆時点では、全国闘牛サミットの山古志での 2024 年 5 月 26 日（日）の開催が予定されている。中越地震後に山古志で開催されるのは、前回の 2014 年 6 月 8 日（日）に続いて 2 回目である。前回は 10 年目、今回は 20 年目の節目にあたる。

5.1　伝統行事「牛の角突き」復活後の地域外者の地域への参画

5.1.1　はじめに

　2015年3月に閣議決定された食料・農業・農村基本計画において「農村の振興に関する施策」の一つとして「多様な分野との連携による都市農村交流や農村への移住・定住等」が掲げられている[1]。一方で、2004年新潟県中越地震（以下、「中越地震」という）の復興は、その歩みが新潟県中越大震災復興検証報告書に「新潟モデル」としてまとめられ、定住人口ではなく交流人口を増やした事例として中山間地域の再生や持続可能な地域づくりの参考になると総括されている[2]。

　こうしたなか、長岡市山古志地区（旧山古志村）では、伝統行事「牛の角突き」の興行化を進め、交流人口の増加に貢献してきた。加えて、地域活動に参画する地域外者を呼び込み、交流の質的向上を図っている点に特徴がある。これらは新潟県中越大震災復興基金（以下、「復興基金」という）による支援事業を含めた各種事業により下支えされ進められてきた。

　伝統行事と地域に関する既往研究には、地域活性化に向けて伝統行事を活用するための留意点を明らかにした研究[3]のほか、大災害の非常事態下で相馬野馬追や牛の角突きといった祭礼が遂行されていることに着目し、祭礼には生活を再創造する仕掛けがあることを明らかにした研究[4]などが積み重ねられている。しかし、事業支援により伝統行事が

復活し、地域外者が組織的に地域に参画している事例報告はみられない。本報では、中越地震後の伝統行事「牛の角突き」の復活に伴って地域外者と地域との関係を新たに構築できるようになった長岡市山古志地区の取り組みを報告し、それらを下支えした伝統行事に対する事業支援の重要性についても言及する。調査は、聞き取りと既存データの分析および文献調査をもとに進めた。聞き取りは、中越地震後の牛の救出や角突き復活を牽引したM氏とその家族、山古志闘牛会の副会長、山古志K集落ふるさと会の事務局長を中心に行った。

5.1.2　牛の角突きの概要

1．牛の角突きの発祥

　現存する闘牛は新潟県のほかでは、沖縄県、鹿児島県、愛媛県、島根県、岩手県の全国に6カ所あるが、この地域の闘牛は唯一勝敗をつけない点に特徴がある[5]。勝敗をつけないため、「牛の角突き」と呼称されている。また、勝負がつく前に「勢子」と呼ばれる男衆が牛にとびかかって引き離す点も他地域にはない見所である。引き離しの合図が送られると、角を突き合わせている牛の足に綱が掛けられ、牛の急所の鼻が取られて引き分けられる。

　もともとこの地域では農耕や物資輸送に牛を使ってきた。牛を所有していない農家は、田打ちの出稼ぎに出た県内の平野部で春の農作業を終えた牛を借り、遅い春を迎えるこの地域の農作業に使った[6][7]。使った牛はすぐに返したり、11月頃まで飼養して飼料代を得たりした。戦前戦後は老廃牛を買い取って肉牛として短期肥育し収入を得た。平野部の牛も含めこれらの牛は岩手県南部地方から鉄を運搬してきた先で売られ

たものである[7]。この長距離輸送を円滑に行うため、あらかじめ角を突き合わせ最も強い牛を決め、その牛を先頭にしたことが角突きの発祥に関係している[6]。資料として残されているのは、江戸時代末の文化11（1814）年に発刊され天保13（1842）年に完結された曲亭馬琴の「南総里見八犬伝」である[8]。その後、明治時代や、第2次世界大戦後など、途絶の危機に幾度もさらされたが、そのたびに復活して現在に至る[8] [9]。

2.　高度経済成長期後の牛の角突きの復活

　M氏によると、自身が遭遇した途絶の危機は高度経済成長期の1960年代と中越地震後の2回だった。1960年代に開催されなくなったのは、耕うん機の導入や錦鯉の養殖業の発展により、牛の飼育頭数が減少したためだという。家畜商であり畜産家でもあったM氏は「これでいいのかな」と疑問に思った。仲間を集めて1972年8月に現在の山古志闘牛場にあたる池谷闘牛場の草むらでわずか4頭で実施したところ、見物客が多く集まったため復活できることを確信した。M氏は山古志村村長に日参し、復活に向けた行政支援を要請したという。こうしたなか、1972年に観光立村を目指して観光協会が発足した[10]。1975年には前述の池谷闘牛場の整備が完成し、角突きの運営は同年発足した山古志観光開発公社によって行われ[10]、M氏もその役員となった。

　これに先立つ1970年、民俗学者の宮本常一が村長の求めに応じて初めて村を訪れ、1978年には観光と農業を組み合わせた村づくりを提言している[7]。1978年に、山古志を含む「二十村郷牛の角突き習俗保存会」を対象として「牛の角突きの習俗」が国の重要無形民俗文化財に指定された[11]。

3. 中越地震後の牛の角突きの復活

　M氏が遭遇した2回目の途絶の危機である中越地震では、全村避難が完了した2004年10月25日に牛の救出を有志とともに行い、さらに、2005年5月の初場所を仮設闘牛場で開催した。その経緯は他所[4)][12)]に詳しい。関連する出来事は表5-1のとおりである。M氏によると、自身が若い頃に年長者を説得しながら実現した牛の角突き復活の経験が「今回もやれる」という自信につながったという。

表5-1　中越地震後の山古志の牛の角突きに関する出来事

暦年	月	トピック
2004	10	中越地震
	11	角突き牛と肉牛を避難させる
2005	4	牛を避難先から仮設牛舎に移す
	5	仮設闘牛場を開設
2006	9	山古志闘牛場で全国闘牛サミット
	10	道路復旧状況から山古志開催断念
2007	8	山古志闘牛場で開催（この月のみ）
	12	山古志共同牛舎の完成・仮設住宅閉鎖
2008	4	山古志共同牛舎に牛搬入
	5	山古志闘牛場で本格開催
2009	6	山古志闘牛場の大改修開始
	10	山古志闘牛場リニューアルオープン
2010	4	山古志闘牛会設立（公社から分離）
	9	角突き体験交流牛舎の完成

注）新潟日報記事データベース[13)]をもとに作成。
　　角突きは5〜11月に開催される。

5.1.3　牛の角突きを通した地域外者の地域への参画と事業支援

1. 山古志闘牛会設立による興行化

　山古志の牛の角突きの入り込み客数は、仮設闘牛場で開催した2005年度、さらには山古志闘牛場で本格的に始動した2008年度に値が高いが、その需要は長く続いていない（図5-1）。

　2010年度以降は増加傾向にある。増加の背景として山古志闘牛会（以下、「闘牛会」という）の設立が挙げられる。闘牛会は、山古志観光開

発公社の闘牛部門が切り離されて山古志闘牛飼育組合と統合され、M氏が会長に就任して2010年4月に設立された。

闘牛会の設立は決定の機動性を高め、M氏が構想する興行化

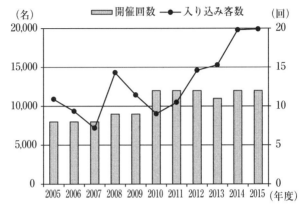

注）長岡市山古志支所から入手した資料をもとに作成。
　　2015年11月末時点。仮設闘牛場での開催を含む。

図5-1　長岡市合併後の山古志の牛の角突きの開催回数と入り込み客数
　　　　の推移

を推進した。年間回数を9回から12回に増やしたほか（図5-1）、バスツアー客のため終了時刻を16時頃から15時半頃に変更するよう取組数を減らした。また、入場券をコンビニエンスストアで割引価格で購入できるようにした。さらに、角突き牛を連れて新潟市や長岡市、東京のイベントに参加して山古志産黒毛和牛などを販売して、若年層や都市部からの集客を図っている。

2．牛のオーナー制による地域外者の獲得

　このように来場者数の確保に努めるほか、角突き牛のオーナー制（以下、「牛のオーナー制」という）により地域外者が牛のオーナーになって闘牛会の運営に参画している点が特筆される。

　牛のオーナー制とは、牛の購入費と月々3万円の飼育委託料を支払って牛のオーナーになるというものである。この始まりは、中越地震後に

牛を避難先から仮設牛舎に預かるなか、牛舎の再建が困難な在村者や離村者の窮状をくんで山古志に共同牛舎を建て、M氏とその息子が預かり飼育することにしたことにある。同時に、M氏は在村者と離村者のみでは運営の継続が困難だと考え、震災ボランティアやアマチュアカメラマンなどの山古志以外の出身者（以下、「地域外者」という）を積極的に勧誘してきた。2015年初場所の角突き牛とオーナーの内訳をみると、牛別でもオーナー別でも地域外者のオーナーが約1/4を占めており、その割合は少なくない（図5-2）。

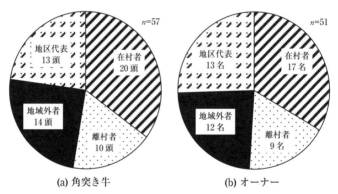

(a) 角突き牛　　　　　　(b) オーナー

注）2015年5月4日の取組表と聞き取りをもとに作成。「地区代表」の牛は長岡市合併
　10周年記念として旧の11市町村に割り振った牛，東日本大震災被災者に贈った
　牛，および，闘牛会の牛であり，費用負担は闘牛会と会長個人による。

図5-2　2015年初場所における角突き牛とオーナーの内訳

3.　地域外者の地域への参画

　牛を飼育委託することは金銭面をみれば赤字である。オーナーには牛の出場料が1回の取組につき1万円程度支払われるほか、勢子として出場し設営や撤収を手伝えば5千円の日当が支払われるが、1頭数十万円

はする牛の購入費と月々 3 万円の飼育委託料を上回るものではない。牛の角突き自体への興味や山古志に関わることに意義を見いだすことができなければ、オーナー継続は難しいと考えられる。地縁のない地域外者オーナーにとって、継続の理由は角突き自体への興味のほかに、①闘牛会の企画運営に携われることや、②地域組織とつながりをもてることも魅力となっている。

　①について、若手の地域外者オーナーが前座興行やイベント出店で他組織との橋渡しを行い、地域外からの若者や家族連れなどの新たな客層を開拓している。たとえば 2015 年 9 月のシルバーウィークには、牛がエンブレムの高級外車を愛好会に働きかけて集めたり、大手企業のキャラクターを呼び込んだりした。また、子どものダンスクラブの発表の場とすることで家族連れが訪れるきっかけをつくっている。

　②について、地域外者オーナーは M 氏が区長を務める K 集落に組織された山古志 K 集落ふるさと会[14)][15)]（以下、「ふるさと会」という）にも加入しており、さいの神や稲刈りなどの行事に参加している。逆に、ふるさと会会員が角突き開催日の駐車場整理や会場設営・撤収に協力するという連携もある。こうした協力関係は、M 氏が闘牛会の会長であり、ふるさと会の会長であることで創出されたといえる。

4.　手入れする対象で地域外者をつなぎとめる

　以上のように闘牛会は牛のオーナー制を通じて、角突き運営や行事に参画する地域外者を獲得している。こうした仕組みはふるさと会にも認められる。ふるさと会会員は交流施設の郷見庵で野菜や手づくりの小物を販売することができ、定期的に品出しや売り上げの受け取りに郷見庵を訪れ、店番を交代で行っている。これらの会員は前述の行事にも主力

メンバーとして参加し、行事ではない日常的な草刈りや畑づくりにも頻繁に訪れている。

　闘牛会とふるさと会にみられるアナロジーは、具体的に関与する対象を通じて地域参画者を得ることが、一過性の交流に終わらせないために大切であることを示している。

5．施設整備と活動支援の事業の重要性

　これらの仕組みをまわすうえで欠かせないのが施設整備である。前者では共同牛舎（表5-2）、後者では郷見庵 [14) 15)] が重要な役割を担っており、いずれも復興基金により整備された。

　このような地域外者を獲得するうえで交流者数の確保も重要であり、地震直後からの仮設牛舎や仮設闘牛場の整備、山古志闘牛場の復旧と大規模改修も大きい役割を果たしたと考えられる（表5-1）。ふるさと会では、水没家屋の見学に訪れた観光客がM氏の勧誘を受けてふるさと会会員になるという会員獲得の一連の流れに、水没家屋の保存・整備が貢献している。

　牛のオーナー制を推進するうえで、活動に対する支援事業も役割を果たした。復興基金による牛の避難先での飼育への支援 [16)]（表5-2）や、長岡市による角突き牛の購入費への支援 [17)] の交付対象者の拡充である。前者は、2005〜2009年度に補助期間が設けられており、2010年度の闘牛会設立と興行化につながったと考えられる。後者は、闘牛素牛（もとうし）の購入費の1/2を50万円を上限として補助するものだが、2014年度にその対象が在村者から地域外者まで広げられ、地域外者も含めて伝統行事「牛の角突き」を継承していく方向性が打ち出された。

表5-2　牛の角突きの復興に関する新潟県中越大震災復興基金の支援事業

事業	教育・文化対策事業「牛の角突き復興支援」
補助期間	2005〜2009年度
事業目的	重要無形民俗文化財「牛の角突きの習俗」の復興
補助対象者	重要無形民俗文化財「牛の角突きの習俗」の復興，保存を行う者または団体（市町村を含む）
補助率	1/2以内 （闘牛購入および運搬車輌購入は1/3以内）
補助金限度額	①仮設闘牛場の設置（撤去を含む）：650万円/カ所 ②仮設闘牛場での「牛の角突き」開催：300万円/年 　（入場料などの収入がある場合は控除した額を補助対象経費とする） ③避難先からの闘牛運搬：25千円/（頭・年） ④牛舎の設置　本牛舎（個別式）：200万円/頭 　　　　　　　本牛舎（集合式）：65万円/頭 　　　　　　　仮設牛舎　　　　：75万円/施設 ⑤仮設牛舎での飼育委託（飼料代等の経常的経費を除く）：18万円/（頭・年） ⑥闘牛の購入（後継若牛を含む）：35万円/頭 ⑦闘牛運搬車輌の購入：250万円/台

注）資料[16] をもとに作成。

5.1.4　おわりに

　長岡市山古志地区の伝統行事「牛の角突き」において、都市部からの交流を促進するため、不特定多数の来訪者を獲得しながら、牛のオーナー制によって地域外者を呼び込み、地域への参画を促していた。具体的には、地域外者は闘牛会の運営に関与して地域住民の補完的役割を果たしたり、ふるさと会の活動に参画して地域住民との交流を深めたりしてい

た。これらの取り組みに対して、新潟県が創設した復興基金による支援事業などの各種事業は、施設整備や活動支援に重要な役割を果たした。人口減少などに直面している地域において、地域外者を招き入れ地域活動に参画してもらったり、地域住民が誇りを取り戻したりするうえで、伝統行事は有効に作用すると考えられるため、伝統行事に対する施設整備と活動支援に関して、復興支援時に限らず平常時での事業の創設が望まれる。

　おわりに、2015年8月に逝去されたM氏最後の闘牛挨拶文から引用し、結びとしたい。「先人たちが受け継いできたものを、この地域の貢献に役立て、広い日本の中で、震災過疎の光として仲間と共にこの伝統文化を後世に守り伝えて、『日本のふるさと』をこの地に残して行く。山古志牛の角突きを守る事にはそんな意味があるのではないかと感じております」

【引用文献】

1）農林水産省：食料・農業・農村基本計画,

　　http://www.maff.go.jp/j/keikaku/k_aratana/pdf/1_27keikaku.pdf（参照2015年11月24日）

2）新潟県中越大震災復興検証調査会：新潟県中越大震災復興検証報告書「新潟モデルの発信」,

　　http://www.pref.niigata.lg.jp/HTML_Simple/55/54/niigatamodel%206,0.pdf（参照2015年11月24日）

3）澁谷美紀：伝統行事の伝承と地域活性化, 村落社会研究6(2), pp.48〜59 (2000)

4）植田今日子：なぜ大災害の非常事態下で祭礼は遂行されるのか－東日本大震災後

の「相馬野馬追」と中越地震後の「牛の角突き」－, 社会学年報42, pp.43～60 (2013)

5) 松田　淳：中越大震災と牛の角突きの復興, 第6回「山古志の歴史を語る会」資料 (2012)

6) 山古志村史編集委員会：山古志村史民俗, 山古志村役場, pp.477～486 (1983)

7) 山古志村写真集制作委員会：ふるさと山古志に生きる－村の財産を生かす宮本常一の提案－, 農山漁村文化協会, p.2, pp.54～56, 115～145 (2007)

8) 今井雄介：第9代藩主・牧野忠精が見た牛の角突き, 第6回「山古志の歴史を語る会」資料 (2012)

9) 滝沢　繁：「八犬伝」にみる二十村の世界－災害に負けない山のくらし－, リレー講演会『『災害史に学ぶ』記録誌』, 長岡市立中央図書館文書資料室, pp.26～41 (2015)

10) 山古志村：広報やまこし, 長岡市政ライブラリー,

http://www.city.nagaoka.niigata.jp/elibrary/kouhou/yamakoshi/（参照2016年12月7日）

11) 文化庁：国指定文化財等データベース,

http://kunishitei.bunka.go.jp/bsys/index_pc.html（参照2016年12月7日）

12) 読売新聞社：災の記憶1 (2014年4月9日朝刊, p.29 [新潟]) ～6 (2014年4月17日朝刊 p.33 [新潟])

13) 新潟日報社：新潟日報記事データベース,

https://dbs.g-search.or.jp/aps/QNIF/main.jsp?uji.verb=GSHWA0020 &serviceid=QNIF（参照2015年9月2日）

14) 坂田寧代：伝統行事を介した震災復興のコミュニティ再編, 水土の知82(3), pp.15～18 (2014)

15) 坂田寧代：震災復興のコミュニティ再編における外部者の編入, 水土の知82(10), pp.27～30 (2014)

16) 新潟県中越大震災復興基金：事業紹介,

http://www.chuetsu-fukkoukikin.jp/jigyou/07/002/07-002-naiyou.pdf

（参照 2015 年 11 月 27 日）

17）長岡市：長岡市山古志地域闘牛素牛導入補助金交付要綱,

http://www.city.nagaoka.niigata.jp/shisei/cate03/jyourei/reiki/reiki_honbun/

e403RG00001270.html（参照 2015 年 11 月 27 日）

5.2　伝統行事「牛の角突き」にみるアイデンティティの継承

5.2.1　研究の背景と目的

　有田 [1] は、「歴史や風土への関心が含意しているものは、地域社会に対するアイデンティティの回復・形成であろうか」とし、「地域に住み続けあるいは訪れる人たちによって形成され引き継がれた、精神的あるいは物的・肉体的な記憶の総体」である歴史や風土と対峙することによって初めて、地域コミュニティや地域開発の今後に対して望見できることを示唆した。

　山下 [2] は、「農村伝承文化」を「地域住民が日々の『暮らし』において周囲の環境を認知（意味づけ）し、それを世代から世代へと伝え受け継ぎながら構築した」ものとし、農業・農村が衰退しつつある現代こそ、その保全や新たな伝承への再編が求められていることを主張した。また、地域振興研究の農村把握手法では統計的分析が中心で質的な把握は不十分であることを指摘したうえで、個々の農村の質的個性、すなわち、地域の住民組織の個性を「村がら」として定義し、民俗学的手法で接近した [3]。民俗学的手法には一般性を持つ方法論は存在せず「所作・作法」に近いものとし、調査者の感受性、洞察力、さらには「心での理解力」の重要性を説いた [4]。

　重岡ら [5] は、地域アイデンティティを「地域への帰属意識や愛郷心などと表現されるもの」「住民それぞれが抱く自分と地域とのつながり

感覚ないし地域を自らの住まう場所として了解する感情であり、そうした個々人の抱く感覚や感情が住まう場としての地域を媒介として個々人の間に共有されて形成されてくるもの」としている。

一方、海外研究においてアイデンティティを論じたものには、たとえば速水[6] がある。カレン語を母語とする人々を研究対象とし、1987年から長年にわたって調査してきた北タイに加えて、2001年からバゴー山地に調査地を広げ、住み込み調査でインフォーマルな参与観察や対話などを行った。焼き畑社会における「一時的で流動的な家とそこに住む人々の関係性とアイデンティティの拠り所」として、「家と家をつなぐ母子を中心としてキョウダイを含むタテ・ヨコの近親者の関係は、何かの生物学的必然ではなく、種籾という資源とタブーという文化的装置によってつながれる」ことを明らかにした。

「地域コミュニティや地域開発の今後」[1] を展望するうえでは、「農村伝承文化」[2] や「地域アイデンティティ」[5] に着目し、「心での理解力」[4] に努めながら農村を質的に把握することが有効であると考えられる。

農村伝承文化の一つに闘牛が挙げられる[7]。闘牛が現存するのは全国6地域9市町[注1] であり、そのうち、新潟県の闘牛は引き分けが特徴であり、「牛の角突き」と呼ばれている。角突きは、長岡市山古志地区では山古志闘牛会(以下、「闘牛会」)により山古志闘牛場(以下、「闘牛場」)で、小千谷市東山地区では小千谷闘牛振興協議会により小千谷闘牛場で開催されている。後者は、菅[8] に詳しく著されている。

本稿では、2004年新潟県中越地震(以下、「中越地震」)後に伝統行事「牛の角突き」を興行化し地域外の住民とともに活動している闘牛会[9] を対象とし、農村伝承文化の継承を通して結ばれる、世代間というタテ、地域内外というヨコの関係性を視野に入れ、闘牛オーナー(以下、「牛

持ち」）および闘牛会会員としての参与観察により、「語り」に重きを置いて、アイデンティティの継承とは何か、掘り下げることを目的とする。

5.2.2　調査の概要

1.　調査方法

　筆者は、2020年度に通い調査を行う傍ら、同年11月に牛持ちおよび闘牛会会員となった。また、2021、2022年度（2022年3〜5月を除く）の約2年間、住み込み調査を行った。2020年12月〜2021年3月は週末に、2021年4〜10月はほぼ毎日、共同牛舎での飼育補助作業（給餌・排泄処理）を行った（写真5-1）。5〜11月に月に1、2回開催される闘牛大会へは、2021、2022年度を通じ、2022年5月以外すべての日程に出席した。また、後述の取組審議会は、2021年度はすべての日程に出席し、2022年度は欠席した。

　本稿における語り等のデータは、2020年度の通い調査、2021年4〜11月の住み込み調査の結果を中心に整理した。

　参与観察では、「現地で生活するなかで折にふれて土地の人々にその土地で生活するうえで必要な流儀や慣習あるいは掟につい

写真5-1　共同牛舎での飼育補助作業
（2021年1月17日撮影）

て注意を受けたり、一緒に何か仕事をするときに手取り足取り教えてもらうというようなこと」を含むインフォーマルなインタビュー[10)]を行った。研究方法論としては、解釈的アプローチ[11)]を採った。解釈的アプローチとは、「現実はさまざまな相貌をみせるマルチなもの、人々が生きている現実は、再構築されたもの（reality remade）で、人は、そうした思い込みの世界で生きていると考えて事例を解釈する」[11)]というものである。

2．闘牛会の会員構成と調査対象者

2021年度の闘牛会の会員名簿によれば、闘牛会会員数は43名（男性35名、女性8名）であり、そのうち、牛持ちは31名（男性27名、女性4名）である。牛持ちの年齢構成は、20代2名、30代1名、40代12名、50代4名、60代6名、70代4名、80代2名であり、40代が最多となっている。居住地は、山古志8名、その他県内（山古志に仮住まいの筆者を含む）19名、県外4名であり、山古志の居住者の割合は、約1/4にすぎない。しかし、出身地別にみると、山古志17名、その他県内9名、県外5名であり、居住地は山古志ではなくとも山古志の出身者が一定割合いる。

役員は、会長1名（40代男性）、副会長2名（70代男性と60代男性）、理事5名（40代男性4名、60代男性1名）、監事2名（70代男性と40代男性）、会計2名（60代女性と40代女性）で構成されている。

調査対象者として、①会長と理事、②地域外出身の若者、③非会員（ボランティア）、④副会長、⑤女性を選定した（表5-3）。

表5-3　調査対象者[注1].[注3]

記載名	年齢[注2]	性別	居住地	出身地	会員	役員
A氏	40代	男性	山古志	山古志	会員	会長
B氏	40代	男性	県内	山古志	会員	理事
C氏	30代	男性	県内	県内	会員	なし
D氏	70代	男性	県内	県外	非会員	なし
E氏	60代	男性	山古志	山古志	会員	副会長
F氏	70代	男性	県内	山古志	会員	副会長
G氏	20代	男性	県内	県内	会員	なし
H氏	80代	女性	山古志	山古志	会員	なし
I氏	40代	女性	県内	県内	会員	会計
J氏	40代	女性	県外	県外	会員	なし

注1) 2021年度の闘牛会の会員名簿による。
注2) 年齢は，2022年4月1日時点とした。
注3) D氏以外は牛持ち経験者である。

5.2.3　山古志の牛の角突き

1．牛の角突きの復活

　須藤 [12] によれば、山古志村の牛の角突きは 1966 ～ 1972 年に途絶えていた。1972 年に山古志村観光協会が発足し、闘牛部会の設置が提案された。1973 年春に在京の出身者により 12 頭の素牛が導入された。1974 年に山古志村闘牛飼育組合が発足し、1975 年には小千谷市と広神村を巻き込んで越後闘牛会に発展した。飼育頭数は 150 頭を超える数だったという。

　文化庁 [13] によれば、1978 年に国指定重要無形民俗文化財として、牛の角突きの習俗が指定された。保護団体は二十村郷牛の角突き習俗保存会である。この会は 1977 年に設立、越後闘牛会と構成員は重なっている。

　坂田ら [9] によれば、1972 年 8 月に後に闘牛会初代会長となる人物を

含む有志が草むらでわずか4頭の角を突き合わせたところ、見物客が多く集まった。1975年に池谷集落に池谷闘牛場（現、闘牛場）の整備が完成し、同年発足した山古志観光開発公社によって角突きが運営された。2004年に中越地震が発生し、闘牛会は、山古志観光開発公社の闘牛部門が切り離されて山古志闘牛飼育組合と統合されて2010年4月に設立された。

中越地震では、取り残された牛が救出され、2005年5月に山古志ではない長岡市内の仮設闘牛場で再開された。山古志に戻って闘牛場での再開は、2006年9月の全国闘牛サミットを経て、本格再開は2007年8月である。

2．牛の角突きの概要

角突きの最大の特徴は、牛を引き分ける点であり、勢子と呼ばれる男衆が猛々しく角を突き合わせる牛の間に割って入って引き分ける。具体的には、闘いの程良いタイミングで会長が手を挙げて引き分けの合図を送り、「足取り（綱掛け）」が牛の後ろ足に綱を掛け、その掛けた綱を「綱引き」と呼ばれる大勢で引き、「鼻取り」が角を取って頭を押さえ、牛の急所である鼻を取る。足取りは、牛の動きを読み取って素早く綱を掛けなければならない点、鼻取りは牛に角を振られると怪我をする恐れがある点で高度な技術が必要である。

角突きでは、綱が重要な役割を果たしており、牛の鼻に通す鼻綱、それと連結させて牛を引く引綱がある。また、足を取るときに掛ける足取り綱がある。さらに、大相撲の化粧まわしにあたる、入場の際の正装とされる面綱がある（写真5-2）。これは伝統的には、藁をなって赤白黒の三色の布を巻き付けて結わえたものだが、その配色は近年では自由

になっている。引綱は、昔は七尋半、現在は五尋半の長さの綱[14]を入場の際に勢子が持ち地面につけないことがよしとされているものであり、近年は技術を持ち合わせている勢子の

写真5-2　闘牛場にいざ出陣（2021年11月3日撮影）

数は少なくなっている。また、引き分けた後に牛持ちが引綱を持って牛と一緒に場内を時計回りに歩くことを「引き回し」と呼ぶ。健闘を讃える観客の拍手喝采を浴びて牛持ちが栄誉を感じるひとときである。

　闘牛大会に出場することができるのは数え年3歳になってからである。横綱級になると、15歳を超えるものもいる。岩手県の日本短角種が主に導入されてきたが、初代会長が中越地震前に沖縄県から雑種を導入したことをきっかけに、中越地震後は全国からの支援もあり各地の品種がみられる。

　四股名は、従来は家の名前を表す屋号がつけられてきた。これは、闘牛を持つことは名誉であり、家の代表としての意味合いがある。しかし、中越地震後を中心に、地域外者の参画に伴い、自由に命名できるようになっている。

　角突きの内容を大きく左右する牛同士の対戦の組み合わせは、取組審議会が牛持ちの参加のもと闘牛大会の10日ほど前に夜8時から11時頃まで開かれて決められる。取組審議会では、牛の性格を熟知した会長が

対戦の原案を木札を並べて提示しながら牛持ちの意向を確認して対戦案を決める（写真5-3）。自分の牛が劣勢になることを避けたい牛持ち同

士の思惑が錯綜するため、お互いに納得するうえで必要な世間話の時間も含めて、一組の対戦が決まるまで1時間以上かかることもある。

写真5-3　初場所の取組審議会（2021年4月22日撮影）

5.2.4　初代会長の教えの継承

１．初代会長と現会長の来歴

　闘牛会の初代会長は、バクロウと呼ばれる牛の仲買人を生業^{なりわい}とし、1970年代の角突きの再興に尽力しただけでなく、中越地震での牛の救出にも陣頭指揮を執って多大な貢献をした。初代会長は、10名足らずの仲間とともにトラックで搬出できる地点まで闘牛9頭を3日間かけて山越えさせた。これを契機としてコンテナを吊り下げての民間ヘリコプターによる大救出劇につながった。経緯は、植田 [15)] に詳しい。初代会長は強力なリーダーシップのもと、闘牛会の運営を推し進めてきたが、2015年の逝去に伴い、子息が2016年3月に闘牛会の総会で会長に選出され2代目会長に就任した。

　牛飼い・バクロウの家に生まれた現会長A氏は、幼い頃から牛の飼

育が身近にあり、小学生から高校生まで学校帰りに牛舎作業を手伝って
きた。東京の大学を卒業後、食肉会社の青森支社に従業していたが、前
会長を中心とした山越えの牛の救出に加勢し、就職1年後の2005年春
に退職して帰郷、仮設牛舎での闘牛と肉用牛の飼育に携わった。近年は
肉用牛20頭ほどの肥育のほか、闘牛50頭ほどを、中越地震後に山古志
に建設された闘牛・肉用牛の共同牛舎で飼育している。前者は、中越地
震後に3戸で設立された山古志肉用牛生産組合の組合員として、自営業
を営むものである。後者は、闘牛会のオーナー制[9] によるものであり、
闘牛場に出場するすべての闘牛について、現会長が牛持ちから委託され
て飼育しているものである。

2. 現会長の真摯な飼育姿勢

　現会長は、朝晩それぞれ5時間ずつ共同牛舎で牛の世話を、東京都中
央卸売市場へのトラックによる出荷業や岩手への闘牛の買い付け以外、
ほぼ365日行っている。牛が病気になれば、夜間でも駆けつける。また、
豪雪地帯であるため、降雪量の多い期間は共同牛舎の管理棟に泊まり込
み、夜を徹して重機で除雪作業を行っている。
　闘牛の飼育は観察を基本とし、闘牛の変化を少しも見逃さないように
高い集中力で向き合っている。すべての闘牛を自分の闘牛と思って可愛
がっており、1頭1頭の性格や体調に合わせて餌の量や枡のなかでの綱
の結び方を調整している。闘牛が糞をしたら踏む前に即座に取り除くな
ど、闘牛のストレスを減らす工夫を重ねている。また、水の飲ませ方一
つで闘牛大会での取組の仕方が変わると考え、小さいことの積み重ねを
重んじている。闘牛の気持ちは分からないが分かるように努力し、自己
満足ではなく客観的に闘牛にとって良いことをするように心がけている

という。取組後に興奮冷めやらない闘牛の綱を結び直す際、話しかけるように宥（なだ）めている姿が印象的である。

　こうした愛情に基づく真摯な飼育姿勢は、幼少期からの牛の飼育作業の手伝いによって育まれたものと考えられるが、闘牛の大救出劇への加勢やその後の仮設牛舎での飼育、さらには、会長職を引き継いでからの自覚によるものも大きいと思われる。この自覚は、以下のようである。

3．現会長の会長職就任直後の苦悩と決意

■A氏語り：2021 年 7 月 1 日（木）木籠集落交流施設

　先代の会長が余命幾ばくもないことが 2015 年 2 月に分かり、1 年後はいないという状況がすぐさま想像された。不安は不安だったが、3 月に周囲に黙って徳之島に行き、前もって連絡せずフラッと入った牛舎で牛を購入した。会長職を引き継いだ当初は、「今、目の前にあることをやらないと。とりあえず、去年やっていたことをやろう」と思っていた。しかし、人の顔色をうかがいながら、先代の会長がやってきたことを真似ても良い結果にはならなかった。自分というものがなく、人の真似だと泥沼にはまっていく感があり、もがいてももがいても何をすればよいか分からなくなってきた。1、2 年やって「あ、俺、角突きをつぶすな」と思った。それは、入場者数、角突きの盛り上がり方、良い牛を育てられなくなったことに表れた。牛を持つ人を増やせず、入場者数も増やせず、自分がやりたいと思ってもできないということは目に見えてきた。そうしたなかで角突き牛として見込みがなく引退予定の牛を J 氏が拾い上げてくれた。J 氏は兵庫県在住で旅行業に従事している関係上、新潟県に来訪し、角突きや共同牛舎に足を運ぶようになっていた。その牛の購入を持ちかけたところ、「じゃあ、持ってみます」と言ってくれた。

そこで自分の気持ちが救われた部分があった。「こんな牛でも持ってくれる人がいるんだ」と思い、何かをやっていれば興味を持ってくれる人はいるということを学んだ。また、それまで「外の人」のことは考えず、(山古志の) 牛を持っている人の楽しみでやってきた。角突きを観戦する人のほうは見ていなかった。頭では分かっていたが、行動には移していなかった。草野球とプロ野球の違いと同じで、趣味はお客さんが見ても面白くない。昔は自分たちの食用や農耕用の牛をプラスアルファとして角突きをさせて楽しんでいたが、自分のための角突きや牛飼いはやめようと決意した。自分たちの角突きではなく、人からも付加価値を見いだしてもらえる角突きをしなくてはならないと考えた。

4. 側近の来歴

　理事のB氏は現会長の9歳年上であり、山古志村役場の頃から公務員として勤務している。先代の会長の鞄持ちとして全国闘牛サミットに参加するなど、会長に近い存在である。山古志に居住していた小学生の頃より闘牛に馴染み「牛博士」としてテレビ番組の取材を受けるなど、闘牛の生態や角突きの歴史に詳しい。闘牛大会では実況を担当し、闘牛の気持ちを代弁した解説が持ち味である。闘牛会の動画配信、SNS、ブログ、文書[注2]による情報発信は、B氏によるものである。

　B氏は、山古志の小・中学生に闘牛太鼓を教えており、闘牛大会でたびたび披露してきた。休日は飼育補助作業を行うほか、闘牛大会当日の会場設営作業（写真5-4）では、朝8時半の集合時間より早く駆けつけ闘牛場を清掃している。また、団体客の要望に応じて闘牛大会とは別に不定期に開催される観光闘牛のほか、他地域の小・中学生の闘牛見学会で解説を担当したり、1年に数回行われる削蹄作業の加勢をしたりする

など、多大な貢献
をしている。

写真5-4　闘牛大会の朝礼（2021年10月10日撮影）

5．側近の角突きに対する「日々勉強」という姿勢

■B氏語り：2021年5月8日（土）共同牛舎

　角突きの本当の面白みは解説がないと分からない。牛がすごいことを
やっているのが伝わらないのが自分は面白くない。分かってもらいたい。
（臨時で共同で）司会を担当するFMラジオのアナウンサーが「柿乃花^{かきのはな}
ゴールド」（という闘牛）の角を見て「翼のような角だ」と言ったのに
は感心させられた。自分では思いつかない表現。

　「牛が下がるというのは諦めていない証拠」という実況をしたのは、
ある先輩が「諦めると前に出る。前に出ると腹に一発もらって終わる」
と以前言っていたことを思い出して。何気なく言われたことを自分のど
こかに入れておいて実況で使う。日々勉強。だからこそ、他の地域を見
ておきたい。実況中継を25年間担当してきた。最初は人真似でもよい
が自分の色を出さないといけない。形をつくるのが大変。沖縄や岩手な
ど、他の地域の人に実況をどうしたらよいか聞かれれば答えるが、必要
以上に答えない。可愛い仕草など、牛も犬や猫と同じなんだよというこ

とを伝えたい。牛はケンカをして価値をつくる。闘えなくなったら価値がなくなる。卒業してからももう一つ価値を上乗せできないかと思って、太鼓の皮のほか、熟成肉の試みをしている。肉用牛には肉用牛の価値の付け方があり、半年で去勢され3年で出荷される。でも、肉用牛も闘牛も愛情を込めて育てるのは同じなんだ、牛は荷物を運んだり、田畑を耕したりしていたんだということ、牛の素晴らしさを知ってもらいたい。小千谷に勢子として出るのは、牛を見ておきたいから。どこかで勉強になることがあるだろうから。

　先場所（5月4日の初場所）の「三五兵ェ」対「啓靖」では、最後に頭を合わせるまで待って鼻を取ってやる。共同で飼っているからこそ、どの牛も良いところをみせてやりたい。それがうまくいかないこともある。

　この地域の角突きの良さは、「自分の牛も良かったいや」「相手の牛も良かったいや」と言って「お互い、良い角突きをさせてもらったいや」と言うところ。お客さんに「楽しかった。面白かった」と言わせたい。「また来ます」を引っ張り出したい。そのお客さんが来るのは1年に1回かもしれないが、新しい客を連れてきてくれる。

6.　精神性を託して闘牛を描き続ける若き日本画家

　会長や側近のような中心的存在のみならず、地域外から参画した30代にも先代の会長の教えは受け継がれている。

　地域外から参画している若手C氏は牛から感じる精神性を託して闘牛を描き、2016年以降、日展に入選している。

■C氏語り：2021年7月24日（土）見附市^{注3)}

（美術大学では）新潟県の風景を描いていたが、教授から「もっと近くの物を描いたら」と言われ、山古志の闘牛を思い出し、仮設牛舎を訪れ、初めて描いたのが「若桜」という作品。教授から「代表作になるから大事に取っておきなさい」「牛のCくんと言われるように頑張りなさい」と言われた。21歳から牛舎に通い詰めるようになった。中越地震のとき生き残った牛を綱を引いて助けたことをテレビで目にしていた先代の会長を前にして、山を背負った大らかな牛のような人だと思い、「何でもします」と伝えた。牛に蹴られて怪我をしながら描いたのが「角蔵」で、その頃闘病の末に亡くなった祖父の遺志を継いで描きたいと思い、祖父から譲り受けた硯を使って墨で描いた。そうしたなか、教授から「おまえは食べたことのないラーメンの味を説明できるか」と聞かれた。先代の会長から「おめさん、熱心だすけ、勢子になってみねぇか」と言われ、21歳で勢子になった。牛に迫っていくため、綱掛けをするようになった。現会長に牛持ちの話を持ちかけられ、数年前に牛持ちとなった。

角突きは神事ということで先代の会長に質問すると、「まぁ、いいっけ、いっぺん入ってみれって」と言われた。牛から逃げてばかりいたところ、先代会長が肩に手を当て、「おめさん、大丈夫だっけ、逃げるな」と声を掛けてきた。そのとき言われたのは、「牛から目を離すな」「全体を見なさい」「牛に気持ちで負けるな」という三つだった。「輝白富士」という牛が自分をめがけて走ってきたが、「ヨシタイ」と凄むとクルッと向きを変えて走り去った。「『牡牛が如き強き者よ』とは、心のなかにあったんだ」と分かった。

7. 広く継承される初代会長の教え

　先代の会長は、何事にも真剣に取り組むことを重視していた。1970年代の角突きの再興、中越地震後の牛の救出、真剣に取り組むことの重要性を、身をもって示してきた。そうした教えは、現会長A氏の真摯な飼育姿勢をはじめ、側近B氏の客を楽しませるために日々勉強を続ける姿勢や、職能を生かした情報発信、闘牛太鼓を地域で継承していく努力、さらには、若手C氏の日本画家として生きる羅針盤として受け継がれている。

　このほかにも、駐車場の整理は有志によるボランティアで実施されてきており、指揮を執る地域外から参画しているD氏によれば、「闘牛場の駐車場整理のボランティアは人の助けになるからというより、遊びのつもり、遊びの延長でやっている。人の助けになるためなら他のボランティアをやっている。自分たちが楽しくやっていることがなんかの形で人を助けられれば一番良い」（2021年8月1日（日）木籠集落交流施設）のように、遊びと言いながら中越地震後10年以上にわたって真剣に取り組んできている例も挙げられる。初代会長の教えは中心的存在のみならず、地域外から参画している若手やボランティアなど、隅々にまで浸透している。

5.2.5　習俗の緩和

　角突きは、習俗を重んじる点に特徴がある。そのため、旧い慣わしに縛られ、新規参入が難しい側面が考えられる。しかし、これらの慣わしを緩和しながら、地域内の担い手不足を補ってきている。旧い慣わしの緩和には、①習俗の緩和、②女人禁制解禁、③コロナ禍を逆手にとった

新企画がある。

1．習俗の緩和

二十村郷牛の角突き習俗保存会 [16) に示されている習俗のうち、行事に限ってみても、厩入れ（厩祝い）、厩まつり、牛見、角突きの日程、門出祝い、厩まわし・牛宿の祝い、取組を決める、出場祝い、出場、牛を分ける、牛送り行事が説明されている。この時点で既に消えてしまったものとして、厩まわしと牛宿の祝いが挙げられている。ほかの行事は残ってはいるものの、昔ほど盛大でなかったり形が変わってきたりしていることから、国の重要無形民俗文化財の指定に伴い、受け継いでいこうという気運が高まっていることが記されている。

　これらの習俗は闘牛を各戸で飼育していることを前提に成立してきたものがあるが、中越地震後に山古志では出場する闘牛すべてを共同牛舎で飼育していることから、たとえば、新しい闘牛が厩に入ったときに行う厩入れや牛見など、消えた習俗がある。年配者を中心として習俗を守ろうとする意識があるが、全体では薄らいできている。これは、習俗の継承という点では難点だが、新規参入者の獲得には利点となる側面がある。次に、習俗に関する山古志出身の年配者 E 氏と F 氏の語り、地域外から参画している若者 G 氏の語りを示す。

2．副会長の回想

■E氏語り：2020 年 12 月 4 日（金）E 氏自宅

　山古志村史に牛飼いとして名前が挙がっている[注4)]。1972 年に復活してからのおよそ 50 年の間に家で飼育した牛は 50 頭に及ぶ。（中略）

　鼻を取ることを今は危ないと言うが、昔は花形だった。鼻をつかめた

ら早く手を挙げて「俺だ」と言えと教わった。両側からつかんだときは
お互いに譲らず「俺だ」とアピールする。最初につかめたのは勢子になっ
て2、3年してから。今は役割を決めているが、その通りにはならない。
自分びいきの牛を勝たせたい。勢子は自分の牛の相手の牛の鼻を取る。
昔は集落対抗で面白かったが、今は皆が仲間なため、馴れ合い。竹沢地
区だけで勢子が十数人いたため、相手に威圧になった。ケンカが始まっ
たら、牛なんか構わないで相手を殴らないといけなかった。

■F氏語り：2021年8月8日（日）共同牛舎

　角突きの前日から一升瓶の御神酒を神棚に供えて角突き当日の朝に二
礼二拍手一礼をする。朝、闘牛場に来るのに合わせて酒と面綱と引綱と
鼻綱を神棚に供える。

　角突き当日の前の取組が終わる頃に一升瓶の酒を牛の尻尾から頭に向
かって背中からかける。「川」が着く銘柄は「流れる」がイメージされ
るため験担ぎに避けている。酒はすべてをかけるのではなく残った分
は、コロナ禍の前まではまわしてラッパ飲みしたが、まわし飲む順番は
決まっていない。同時進行で鼻綱を結び直す。

　儀式のなかでまわし飲みをするとか、声を掛け合うのが楽しい。昔は
角突きが終わったら牛汁やゼンマイ煮、ニシンを焼いたものなどで客を
もてなしながら相手の悪口を言う。勢子どうしがケンカをして最後は長
老が出てきて「俺の顔に免じて」などと言ってその場を収めた。昔は足
掛け、鼻を取る人、綱を引く人を決めておき、御神酒を飲む順番を決め
ていたが、今は決めておらずその場で各自が判断して動いている。角突
きに携わる人が減ってきて習俗を残すことを主張する人もいなかったた
め、薄れてきた。

3. 若き畜産家の参加契機と綱掛けの修行

■G氏語り：2021年6月18日（金）木籠集落交流施設

　2017年の夏、農業大学校2年生のとき、憧れの畜産家[注5]にミニ就業体験を志願して共同牛舎で3日間過ごした。そこで初めて角突き牛を見て「何だこれ。化け物だ」とその大きさに驚いた。その年の秋に角突きを観戦し、思い描いていた牛らしい漆黒の牛が角を突き合わせる姿に「すごい。格好いい」と感じ、同時に勢子の姿にも圧倒された。すぐに勢子になりたいと思ったが、よそものがやりたいと言ってやれるわけがないと判断しその場は終わった。しかし後日、勢子でもある畜産家に相談したところ、「一緒にやろう」というメールをもらった。2018年4月に畜産会社に就職し、5月の初場所に勢子として場内に立った。最初の1年間は牛を引っ張れず、綱の結び方もまったく分からなかった。希望した通り綱掛けになったが、いざ綱を掛けようとしてもできなかった。今は勢子になって4年目。人に見られてよい程度になったが、まだまだ。牛を持ったのは2020年。角突きのときは「自分の牛が怪我なくただただ無事に終わってくれ」と思っている。

5.2.6 女人禁制解禁

1. 女性による牛の引き回しの実現

　角突きは娯楽のみならず神事として継承されてきたため、御神酒と塩で場内を浄めた後は、女性は場内に入れない慣わしが長く続いてきた。しかし、2018年5月4日の初場所で前述のJ氏、翌5日にI氏、8月12日にH氏によって闘牛の引き回しが行われた。

　J氏、I氏はいずれも40代の地域外者で、先代の会長が2015年に逝

去した後、2016年に牛持ちとなった。2017年にI氏を部長として山古志角突き女子部（以下、「女子部」）が結成された。これは牛持ちだけでなく牛や角突きを愛する気持ちがあれば入会できる任意団体であり、部員数は2021年時点で約70名である。

　80代のH氏、山古志に生まれて山古志に嫁ぎ、嫁ぎ先の自宅で長らく闘牛の飼育に携わってきた。しかしながら、闘牛を闘牛場まで綱を引いて連れてきても、場内にいる男性に綱を渡さなければならないことが切なかったという。

　女人禁制解禁の経緯は、2018年に報道された大相撲での女性の土俵入り問題もあり、取り上げられた[注6]。2018年に女性による闘牛の引き回しが実現した裏には、長年飼育に携わってきたH氏による貢献とその夫の気遣いが現会長の心を動かし、闘牛会で決定された経緯があった。

2．女人禁制解禁に関する会長の思い
■A氏語り：2020年11月26日（木）共同牛舎

　女性を参加させるのは、3月に話を出して4月に皆さんに決議を出して5月に表に出した。H氏、牛が大事で昔から飼育管理して、やっぱり行動に出してきた人が報われる角突きにしたい。H氏の旦那さんからの推薦もあった。また、I氏やJ氏が一生懸命やってくれる姿をみて、彼女たちを守ること、受け入れることが最後には自分たちのことにつながると考えた。

■A氏語り：2021年3月3日（水）共同牛舎

　旦那さんは奥さんに言われて自分に言ったわけじゃない。夫婦愛。

■A氏語り：2021年7月1日（木）木籠集落交流施設

　闘牛が途絶えていた時期にも肉用牛を飼育していた老夫婦がいた（当時は肉用牛の雄を角突き牛として使っていた）。冬季の出稼ぎのとき奥さんが飼っており、普段は散歩をさせるが、女人禁制のしきたりにより闘牛場内には入ることができなかった。旦那さんは昔なかなか言い出せなかったが、90歳近くなった2018年に電動カートで牛舎に来て、「ばぁに牛を引かせてやってくんねぇか」と言った。その頃、女子部部長が女性として闘牛を盛り上げようという時期でもあった。「お互いがあっての角突きだから、新しい人たちを受け入れるには、新しい人たち（の望むことを）を受け入れないといけないな、それが今なのかな」と思った。「角突きを大事にしてくれる人を角突きも大事にしなきゃ」と思った。ちょうどそこが運なのか何なのか、タイミングが合って大相撲の女性の土俵入り問題と時期が重なった。色々な要素が重なった年だった。

　迷いはなく、どうせ闘牛会がつぶれると思っていたので、やるだけのことはやろうと思った。マイナスになってつぶれたらそこまでだと思った。大勢の人に愛される角突きになったほうがいいなと思った。

3．女性による引き回しのきっかけとなった女性の思い

■H氏語り：2020年8月12日（水）H氏自宅

　中越地震前は家で牛を飼っていた。引き回しについて、これまでは絶対引かしてくれなかったが、現会長になって引けるようになった。「じいちゃん、俺死ぬまでに1回引いてみてぇ」とじいちゃんに言い含めた。（実現せずに）また終わり、また終わりしてようやく実現した。

■H氏語り：2021年3月3日（水）H氏自宅

　昔は闘牛場のなかに入るなと言われていた。闘牛の前日は、風呂は男

　の人の先に女の人が入ったらダメだった。じいちゃんが見ているなか、角突きの人が帰った後に土俵に入って牛を引いたことはある。本場所に牛を引いて出たことはない。引き回しは、一生のうち1回は牛を引いてみたいとじいちゃんには言った。でも、それをじいちゃんが言ったってことはない（H氏が夫に対して会長に言うようにお願いしたわけではない）。

　中越地震のとき、闘牛アパートで8頭即死した。前会長が「どうせ角突き場に入っても、（H氏は）足取り、鼻取りできないから花でもあげてくれや」と言った。供養塔（写真5-5）を建ててくれたので、去年も闘牛のたびに朝行って拝んだ。15年間休んだことがない。10月23日は追悼式が（長岡市山古志）支所であるが、供養塔で灯りをつけてビール、ジュース、つまみを持って毎年行っている。じいちゃんがいるときは2人で行っていた。5、6人でお別れをつけて供養する。支所の追悼式に行ったことはない。供養塔のそばで支所で打ち上がる花火を聞いている。花のないときは前の日に買ってきて上げる。じいちゃんは、歩けないときでも毎月の闘牛のとき、朝、供養していた。

　中越地震のとき、9頭の牛がいて、そのうちの1頭が自分の牛だった。その牛以外は前会長が餌をくれていた。365日朝晩一緒だった。

写真5-5　闘牛大会の朝にH氏によって供養塔に供えられた花と蝋燭（2021年7月22日撮影）

何するにもずっと仲良く通してきた。中越地震のとき、牛は餌を食べて寝ていた。1頭だけ立っていて後ろにいた。ほかは首の上に屋根が落ちて即死だった。見ないほうがいいか悩んだが、見定めておいたほうがよいと思い見たら、頭だけ出て首にストンと屋根が落ちていた。前会長が一生懸命して供養塔を建ててくれたんだ、ありがたかったなと思ってな。こういう話をしても分からない人ばっかりになった。肉牛いじる女の人はいたが、女の人で闘牛をいじるのは私くらい。ときどき思い出していろんなことがあったなと思うことがある。

4．女子部部長の来歴

　I氏は、福祉関係の職の傍ら、女子部部長、闘牛会役員を務めている。長岡市在住で実家のある魚沼市に行く途中で木籠集落の交流施設に立ち寄り、店番をしていた先代の会長と出会い、たちまちのうちにその人柄に魅せられた。行事に参加するなどして交流していたが、2015年に前会長が亡くなったことをきっかけに前会長を深く知りたいと思い、前会長が携わってきた角突きに関わることを決意した。共同牛舎の飼育作業を手伝うなかで飼育管理者である現会長に勧められ、2016年にオーナーとなった。

　女子部の活動開始当初は自分が楽しむことに主眼を置いていたが、次第に来場者にどうすれば楽しい時間を過ごしてもらえるかを考えるようになったという。土産物に乏しかったため自分たちでつくろうと思い、牛をあしらった手芸品やTシャツなどのグッズを販売してきた。女子部のSNSによる情報発信にも力を入れている。牛舎で寝入る愛嬌のある姿や、円らな瞳の可愛さなど、角突きの際の勇猛果敢さだけではない牛の魅力を発信している。牛の世話をするうちに牛の引き回しをしたい

という思いがつのり、2018年の初場所が始まる前に現会長に相談して
実現した。

5．女子部部長の角突きに楽しみを求める姿勢
■ I 氏語り：2021年7月18日（日）長岡市^{注7)}

　どんどん前に出て新たなチャレンジをしていきたい。一ファンとして
観戦に通うだけでなく地域のなかに入り込んで活動してきた理由は、牛
も見たいが、何回か通ううち仲良くなった人に会いたいから。牛が好き
でも関わりたくない人だったら関わらなかったが、一緒に頑張りたいと
思わせてくれる人だったため、どんどんはまっていった。若い頃は旅行
が好きで消費者として県外や海外に目が向いていたが、地元の良さに気
づいた。運営側に入って自分が役に立てる場所で何かしたい。年を取っ
たせいか、せっかくの時間だから無駄にしたくない。自分が楽しむだけ
じゃなく、来た人が楽しんでくれるにはどうしたらよいかを考えるよう
になった。

5．2．7　コロナ禍を逆手にとった新企画

1．闘牛大会の開催日程にコロナ禍で繰り入れた企画

　闘牛会では、コロナ禍で来場できない牛持ちや観客へのサービスとし
て、闘牛大会の同時動画配信を2020、2021年度に民間会社の協力を得
て取り組んだ。
　2021年度の闘牛大会は、開催前は全13回が予定されていたが、コロ
ナ禍により8月の2回分が中止された結果、全11回となった（表5-4）。
一方、5月5日（水・祝）に闘牛との触れ合いと太鼓芸能集団の演奏を

表5-4　2021年度　闘牛大会　開催日程^{注1），注2）}

開催日	位置付け	イベント
4月29日（木・祝）	プレイベント	太鼓芸能集団との中継
5月 4日（火・祝）	本場所・初場所	なし
5月23日（日）	本場所	なし
6月13日（日）	本場所	なし
6月27日（日）	本場所	なし
7月22日（木・祝）	本場所	なし
8月29日（日）	本場所	なし
9月19日（日）	本場所	なし
10月10日（日）	本場所	なし
10月23日（土）	特別開催	太鼓芸能集団との共演
11月 3日（水・祝）	本場所・千秋楽	なし

注1）8月2日（月）本場所と8月3日（火）特別開催はコロナ禍による長
岡まつり大花火大会の中止に伴い中止された。
注2）5月5日（水・祝）は，闘牛との触れ合いと太鼓芸能集団のイベン
トを闘牛場にて，8月2日（月）～8日（日）は，ライトアップイベ
ントを闘牛場にて，11月20日（土）は，タレントを呼んでのイベン
トを山古志体育館にて開催。

　行うイベントが、8月2日（月）～8日（日）にライトアップを行うイ
ベントが闘牛場で実施された。また、11月20日（土）にタレントを呼
んで闘牛の宣伝を行う同時動画配信イベントが山古志体育館で行われ
た。これらの新企画は、会長主導の発意がきっかけとなっており、太鼓
芸能集団やタレントの招聘は、民間会社の伝手による。ライトアップ以
外は、コロナ禍に対応した補助金を受けて実施された。

２．新企画を含む運営における会長のリーダーシップ
　新企画のうち、チームワークの良さがとくに発揮されたのは、ライト
アップである^{17）}。闘牛場内の描画は日本画家C氏が原画を提供して主

導し、LED ライトの設置を、闘牛会の関係者、地域団体のボランティア、闘牛大会の会場設営に普段から協力している高校生などが協力して行った。会長は「一度決めたら、ついてくるのが闘牛会の良いところ」と話していたが、会長の普段の飼育の苦労を知っているからこその結束力と考えられる。

　会長は、2020 年 10 月 23 日（金）の中越大震災復興記念大会の挨拶で「角突きで私の好きなところは引き分けの文化があり、お互いを思いやるところ」という趣旨を述べている。また、取組審議会においては、1 回の大会のなかで「みせる取組」と「育てる取組」を仕組むことを心がけている。人の心に生き続ける名勝負となるように、高齢で病気の牛に対して、飛ぶ鳥を落とす勢いのある若い牛と当たらせて引退試合を飾らせようとした。一方で、弱い牛同士を当たらせ、自信をつけさせることもする。

　こうした会長の姿勢に共鳴する人が集い、闘牛大会では、牛と牛の闘い、引き分けにするからこその牛と勢子の攻防、勢子と勢子の連係プレー、観客との一体感が生まれている。

5.2.8　先代の教えの継承と新しい価値の創造

　石川[18]は、「このように、地域によって観光化や文化財化、行政の支援は異なるものの、それぞれの地域で闘牛を存続させている要素として、闘牛を通した人々の社会関係が挙げられる。発表者は、これを牛縁と名付けた」とし、「牛縁の力は、いかに担い手でない人々を担い手として巻き込んでいくかにある」とした。

　これに関連して、側近 B 氏が闘牛大会の解説で使う決め台詞に「牛が取り持つ人の縁」がある。その含意は、相手の牛が良い角突きをした

からこそ自分の牛も良い角突きをできたと感謝する心であり、豪雪や出稼ぎという厳しい環境を助け合って生き抜いてきたお互い様の心であり、人のつながりの尊さを説いている。では、闘牛会に集う人々をつなぎ合わせているものとは何であろうか。

　初代会長の「何事にも真剣に取り組む」という教えは、現会長や側近という中心的存在のみならず、地域外から参画している若手やボランティアなど、隅々にまで浸透していることが明らかになった。ライトアップに集った協力者の姿勢にも、見て取ることができた。

　また、現会長のもと、新しい価値の創造に向かっていることも闘牛会の特徴として挙げられる。「守るべきところは守り、変えるべきところは変える」という現会長の考えは、①習俗の緩和、②女人禁制解禁、③コロナ禍を逆手にとった新企画として、新しい価値の創造につながっている。これらがコロナ禍の厳しい状況下にあっても闘牛大会を継続できている秘訣と思われる。

　さらに、旧い慣わしの緩和に伴い、地域外出身の若者や女性が牛持ちとなって闘牛会の運営を盛り上げるようになっている。女子部に集う人々は、牛・角突き・そこに集まる人が好きという特性があることからも分かるように、新たに強まっているのは、「楽しみ」という点である。従来の山古志出身の男性を中心とした角突きにおいても神事という側面だけでなく娯楽の側面は大きかったと思われるが、担い手を呼び込むために、「楽しみ」を前面に出している。

　①初代会長の「何事にも真剣に取り組む」という教え、②現会長の「守るべきところは守り、変えるべきところは変える」という考え、③女子部を中心とした「楽しみ」の重視、これらが闘牛会のアイデンティティであり、世代間というタテ、地域内外というヨコの関係性をつないでい

る主軸であると考えられる。

【注釈】

注 1）沖縄県うるま市、鹿児島県徳之島の天城町・伊仙町・徳之島町、愛媛県宇和島市、島根県隠岐の島町、新潟県の長岡市・小千谷市、岩手県久慈市である。

注 2）たとえば、松田[19]。

注 3）ギャラリーみつけ主催のもと、見附市にある同所で開催された「星野宏喜日本画展 牡牛が如き者」での C 氏の発言。

注 4）山古志村史[20]の「二十村郷・牛の飼育者名簿」の冒頭に明治期・戦前・戦後・現在と牛を飼育していたことが記載されている。

注 5）現会長とともに共同牛舎で肉用牛を飼育している畜産家。

注 6）たとえば、長岡市地方創生推進部ながおか魅力発信課[21]。

注 7）ながおか市民協働センター主催のもと、長岡市本庁舎を含む複合交流施設アオーレ長岡で開催された「未来のヒントをローカルで見つけよう」第 2 部トークセッション「ローカルの可能性と、未来のセカイ」での I 氏の発言。

【引用文献】

1）有田博之：風土・歴史への眺望，農業土木学会誌 71(3)，pp.1 ～ 2（2003）

2）山下裕作：農業水利施設に関する農村伝承文化の実相と機能，農業土木学会誌 71(3)，pp.19 ～ 24（2003）

3）山下裕作：「村がら」と地域振興，農業土木学会誌 71(10)，pp.21 ～ 26（2003）

4）山下裕作：水土文化への誘い（その 7）－水土文化の集め方，聴き方－，農業土木学会誌 74(9)，pp.49 ～ 54（2006）

5）重岡　徹，山本徳司，栗田英治，木下貴裕：農業農村整備事業の導入に伴う地域

アイデンティティの再醸成機能に関する考察，農業農村工学会誌 78(9)，pp.25 〜 29（2010）

6）速水洋子：家と家をつなぐ－バゴー山地カレン焼畑村から－，東南アジア研究 45(3)，pp.359 〜 381（2007）

7）坂田寧代：農村伝承文化を通じた災害復興における社会集団の編成－2004 年新潟県中越地震を事例として－，農業農村工学会論文集 308，I_99 〜 I_104（2019）

8）菅　豊：「新しい野（の）の学問」の時代へ－知識生産と社会実践をつなぐために－，岩波書店，260p.（2013）

9）坂田寧代，藤中千愛，落合基継：伝統行事「牛の角突き」復活後の地域外者の地域への参画，農業農村工学会誌 85(1)，pp.43 〜 46（2017）

10）佐藤郁哉：フィールドワーク－書を持って街へ出よう－，新曜社，pp.159 〜 164（1995）

11）箕浦康子：講座　事例研究法をめぐって　9，仮説生成法としての事例研究－フィールドワークを中心に－，日本家政学会誌 52(3)，pp.293 〜 297（2001）

12）須藤　護：闘牛場，山古志村写真集制作委員会 編著「ふるさと山古志に生きる－村の財産を生かす宮本常一の提案－」所収，農山漁村文化協会，pp.72 〜 73（2007）

13）文化庁：国指定文化財等データベース，https://kunishitei.bunka.go.jp/heritage/detail/302/51（参照 2021 年 10 月 21 日）

14）二十村郷牛の角突き習俗保存会：二十村郷の牛の角突きとその習俗，新潟県古志郡山古志村教育委員会，pp.21 〜 22（1980）

15）植田今日子：なぜ大災害の非常事態下で祭礼は遂行されるのか－東日本大震災後の「相馬野馬追」と中越地震後の「牛の角突き」－，社会学年報 42，pp.43 〜 60（2013）

16）二十村郷牛の角突き習俗保存会：二十村郷－牛の角突きの習俗－，山古志村教育委員会，pp.56 〜 63（1982）

17）坂田寧代：コロナ禍に山古志への移住で考えた農業農村整備，農業農村工学会誌

90 (4), pp.15 〜 18（2022）

18)　石川菜央：日本における闘牛の文化－牛が作る人の縁－（第 73 回（2008 年 2 月 15 日），例会発表要旨），地理科学 63 (2)，p.116（2008）

19)　松田　淳：越後山古志の牛の角突き－二十村郷の牛の角突きの習俗－（新潟県長岡市），「家畜が係わる伝統行事－令和 4 年度版－」所収，馬事畜産振興協議会，pp.50 〜 51（2022）

20)　山古志村史編集委員会：山古志村史　民俗，山古志村役場，p.580（1983）

21)　長岡市地方創生推進部ながおか魅力発信課：女性も土俵へ！1000 年の伝統を守り時代を見つめる，山古志「牛の角突き」の現在地，https://na-nagaoka.jp/archives/10020（参照 2023 年 2 月 2 日）

第 6 章
山古志木籠ふるさと会と
山古志闘牛会の要となる人びと

　本章では、山古志木籠ふるさと会、山古志闘牛会において、これまで
に詳述していない、運営に尽力してきた松井（篠田）智美さんと関静子
さんという2名の女性を中心に、関係する人物の素描を行う。管見では、
学術論文や書籍、報道による発表ではリーダーとなる男性の活躍が中心
のため、女性に注目することで全体像を捉えられると考えたためである。
　山古志闘牛会では塩と御神酒で浄めた後に牛の引き回しなどで場内に
女性が立ち入ることを2018年春に踏みきり、また、前述の山古志角突
き女子部も同年夏から始動している。豪雪という過酷な条件下、また、
危険と常に隣り合わせの山仕事において、体力に利がある男性の発言権
が大きかったことは想像に難くない。しかし、闘牛大会のときに勢子を
やりながら解説する松田淳さんが、「男も女もない、角突きが好きな人
みんなで角突きを盛り上げようということで山古志角突き女子部が結成
された」と口上を述べるに至っているように、男性中心に運営されてき
た山古志闘牛会においても、変化の兆しが見られる。

6.1　山古志木籠ふるさと会の要、松井智美さん

6.1.1　松井治二さん

　治二さんは木籠集落に生まれ、同じ木籠集落のキミさんと結婚し、上から順に愛子さん、幸治さん、智美さん、富栄さんの4人の子どもに恵まれた。牛飼い・家畜商の生業の傍ら、山古志観光開発公社の社長を務め、角突きを牽引していた。中越地震後は、牛の救出や水没する木籠集落を先導する立役者としてマスコミに大きく報じられた。

　9頭の闘牛を10人ほどの仲間とともに急峻な崖の旧道を3日間かけて尾根伝いに山越えさせて救出した。それがきっかけとなり、民間ヘリコプターによる肉用牛を含めた1,200頭余りの牛の救出につながった。ヘリコプターに吊り下げるコンテナのなかには畳を敷いて牛の足が滑らないようにして1、2頭ずつ運んだという。

　また、中越地震で水没した木籠集落の集団移転や、河道内のため本来ならば撤去する必要がある家屋群の10年間の存置を、国土交通省 北陸地方整備局 湯沢砂防事務所などの行政に掛け合い、最終的には自宅ともう1軒の家屋の保存を成し遂げた。

　治二さんは2014年の震災10周年には立ち会えたが、2015年夏に亡くなられたため、2016年の水没家屋の保存整備の落成式には立ち会えなかった。筆者がご自宅に最後に招いていただいた際、「やることはすべてやってきたから、後悔はまったくないです」と力強くおっしゃって

いたことが昨日のことのように思い出される。

6.1.2　松井（篠田）智美さん

　智美さんは、中越地震後、2007 年に山古志で闘牛大会が定期開催されるようになった後、山古志で飼育された肉用牛の串焼きの販売を担当している。中越地震後の肉用牛の飼育は松井家と関家ともう 1 軒で構成する山古志肉用牛生産組合で行われてきた。松井家では、中越地震をきっかけとして 2005 年に木籠集落に帰郷した富栄さんと一緒に、治二さんが飼育してきたが、治二さん逝去後は富栄さんが一人で担っている。富栄さんが食肉会社で学んだ冷凍保存技術を生かし、郷見庵で精肉として販売している。肉用牛は自家飼育し、出荷後に枝肉として加工されたものを買い戻し、幸治さんが精肉として加工してきた。幸治さんは東京の老舗すき焼き店で調理を担当し、休日のたびに帰省して家業を手伝ってきたが、2020 年夏に竹沢集落に帰郷し、引き続き加工を担当している。2010 年の郷見庵建設以降、販売を担ってきたのは、店番を務める治二さんとキミさんだったが、治二さん逝去後に智美さんが郷見庵の管理運営者として専従となってからは智美さんが中心となっている。愛子さんは役場職員であり、肉用牛の販売には直接的には関わっていないが、会計処理などの事務手続きを手助けしている。また、闘牛大会では角突きの様子を収めた DVD を闘牛オーナーを中心とした希望者に渡しており、その動画撮影を担当している。

　このように、松井家では一人一人に役割が与えられており、「働く人が一番偉い」という気風が培われているという。郷見庵は山古志内の他の直売所と歩調を合わせ冬季休業ということに表向きはなっているが、

実質的には正月元日を除いて年中無休である。これは治二さんの意向で
あり、「来たお客さんのため、おまえたち1日も休むなよ」という言い
つけである。牛飼いという生き物を相手とする職業柄、毎日働くことが
当たり前であり、「働かざる者、食うべからず」の精神が家庭内に徹底
されてきたという。

　智美さんは、山古志村の中学校を卒業後、小千谷市内の高校に進学し、
東京の専門学校に進学した後、就職のため帰郷した。高校では山古志村
出身であること、牛飼いの家庭に育ったことを必死に隠そうとしたほど、
コンプレックスが強かった。帰郷して就職した会社ではワンマン社長の
もと、今でいうブラック企業のように深夜残業を強いられたが、体調を
崩すこともなかったという[注1]。

　智美さんは、両親が毎日朝から晩まで働く姿を見て育ったため、郷見
庵の店頭に毎日立つことを苦に思ったことはないという。山古志木籠ふ
るさと会の会員の複数人が口を揃えて感服するのは、智美さんが「こま
こま」と働き、人前で食べているところを見たことがないという点であ
る。郷見庵の店番では朗らかに接客を楽しんでいる様子を見せる一方、
会話中も手を動かして寸暇を惜しんで仕事をしている。たとえば、クル
ミ割り、小豆の選別、神楽南蛮味噌づくり、そのパック詰め、山古志木
籠ふるさと会会員との LINE のやりとり、Instagram での発信、郷見庵
の裏の畑仕事など、例を挙げれば枚挙に暇がない。治二さんの衣鉢を継
いで、東日本大震災被災地との交流や、丹波市豪雨災害被災地との交流、
熊本地震被災地との交流などにも積極的に取り組み、郷見庵の運営だけ
でなく山古志木籠ふるさと会の運営に多大な貢献をしている。

　来訪した大学生に山あいにあるため生活が不便なことについて問わ
れ[注2]、「朝、郷見庵に来て景色を見るだけで幸せですよ。雪景色もきら

いじゃないですからね。私は都会に住む気はしないですね」と答えていた。松井治二さんはどのような人だったのかと問われ、「とにかく牛が大好きでした。皆さんもお父さんみたいに、〝これは〟と思うもの、好きなものを見つけて、一生懸命、頑張ってください」と語りかけた。父・治二さんが水没した家屋を震災遺構として残し、郷見庵を建設し、山古志木籠ふるさと会をつくったのは、「地震によって悲惨な結末を迎えたのではなく、それまで縁のなかった人との交流が生まれ、幸せな結末を迎えたということを示したいという気持ちからでした」と話した。自身が目指す方向としては、集落の女性が郷見庵に集まってお茶飲みをする場、人が集まる場にすることである。郷見庵の訪問客に対しては相手が望んでいることを察してその人に合わせた応対をすることを旨としている。目の前の人に真剣になることを心がけ、誰のための幸せになるのかを意識し、居心地のよい場づくりを目指している。

　2023年4月16日（日）に長岡市にある新潟県中央家畜市場で開催された関正史さんの長岡市議会議員選挙の出陣式では締めの応援号令を担当し、「さすが、松井治二の娘！」という支持者の掛け声が飛んでいた。しかし、母・キミさんは「でも、やっぱり女は女だよ」と話す。山古志では女性が前に出ることをよしとしない雰囲気が残っている。牛飼いの家に生まれたキミさんは治二さんに角突きについて提言する機会が少なくなかったが、「おまえは黙っとけ」と言われたこともあったという。智美さんも高校時代に通信教育を希望した際、治二さんから「女の子はニコニコ笑っていればいい。勉強はしなくていい。いつも笑顔で。笑顔だけは忘れるな」と言われ、また、「自分で稼げる人になるように」と望まれて育った。「助け合いが一番大切だよ」とも言われていたという。智美さんは郷見庵の管理運営、山古志木籠ふるさと会の行事の下準備の

みならず、家業の肉用牛の発送・会計作業や、婚家と実家の家事、積雪時には郷見庵や集会所の雪掘りに至るまで、いつ寝ているのかと思うほど、八面六臂の活躍をしている。

【注釈】

注1）2023年2月23日（木）に宮城県で行われた地域づくりに関する宮城県補助金報告会に招待されて講演した際の発言。

注2）2023年6月17日（土）に授業で参加した早稲田大学と新潟大学の学生に対しての発言。

6.2　山古志闘牛会の要、関静子さん

6.2.1　関正史さん

　静子さんと学校は違うが同学年の正史さんは、木籠集落に隣接する梶<ruby>梶<rt>かじ</rt></ruby>金<ruby>金<rt>がね</rt></ruby>集落に山古志村議会議員だった父親のもと、庄屋に次ぐ家格の家に生まれた。家の立地が集落のなかでも小高い場所に位置しているのは、そのためである。高校在学時の父親の死を受け、農業高校卒業後に当時の山古志村村長の後ろ盾のもと、銀行融資を受けて山古志村肥育牛生産組合を立ち上げた。また、家畜商だった治二さんを兄と慕い、山古志の肉用牛の発展と牛の角突きの発展に、切磋琢磨しつつ二人三脚で取り組んできた。中越地震時には、肉用牛・闘牛の死に直面し、「これまでの30年間の人生は何だったのか」という虚無感に襲われた。中越地震後、間もなく病に倒れ入院したため、松井治二さんらによる牛の救出には立ち会えなかったが、その後、救出された牛たちが民間ヘリコプターから降りてきたときには、「わぁっ」と感極まったという。中越地震後に避難先の仮設住宅から出馬し、山古志村議会議員2期、長岡市議会議員を6期務めている。

　20代の頃、宮本常一が山古志村のむらづくりの一方策として提案した山古志村の模型の作成などに取り組んだむらづくり青年団体「ほおきんとう」（ほおきんとうはフキノトウを意味する）の一員であり、宮本常一の話を聞いたことがあるという。静子さんとの出会いは、ほおきん

とうの活動の一つとして当時流行していた社交ダンスをしに長岡市市街地へ赴く際、女性が多いという理由から保育所職員を誘って長岡市内を訪れたことがきっかけである。ほおきんとうの立ち上げに尽力した農業改良普及員とは、今でも年賀状のやりとりを通じて交友関係が続いているという。

6.2.2　関静子さん

　牛の角突きは一人前の男性として認められるイニシエーションの場だが、山古志闘牛会の運営の要の一つである会計を仕切っているのは、静子さんである[注1]。会計だけでなく、闘牛大会当日に会場設営参加者へのお茶・菓子の準備や、受付担当者への指揮を執るため、走り回っている。2018年夏に山古志角突き女子部が結成されてからは、その活動も積極的に応援してきた。「闘牛大会のときのみんなが〝わぁっ〟となる感じが好き」でずっと角突きに携わっている。

　静子さんは、虫亀集落に山古志村議会議員だった父親のもと、3人姉妹の長女として家を継ぐことを期待されて育った。中学卒業後、東京の夜間高校から専門学校に進学し、卒業時が山古志に保育所開設される時期と重なったことから、保育所勤務となった。また、その傍ら、義母の援助も得つつ4人の子育てと家事、配偶者の正史さんの立ち上げた肉用牛飼育の手伝いも行ってきた。配置転換で保育所から長岡市役所に保育と関係ない事務職に異動になったときは、保育に携われない悔しさを感じたという。60歳の定年を前に早期退職し、地域活動に精力的に携わっている。中越地震後は、山古志に来訪するバスに乗り込み、被災・復旧・復興の様子を観光バスに乗り込んでガイドする山古志住民ガイドのほ

か、児童クラブ「やまっ子クラブ」にスタッフとして関わってきた。また、食生活改善推進委員として、住民の健康づくりや高齢世帯の見守りを目的とした弁当づくり・配達にも意欲的に関わっている。これらの活動は、山古志のことを少しでも外の人に知ってもらいたい、また、子どもや高齢者に寄り添っていきたいという思いのもと行っている。

　正史さん、静子さん、いずれも、闘牛大会の会場設営ではトイレ掃除を長期間行ってきた。現・山古志闘牛会会長の富栄さんは二人のことを「（口だけでなく実際に）やる人」と評している。静子さんは、治二さんのことを評して、闘牛大会当日の会場設営が始まる前にいち早く会場入りして掃除などをしているにもかかわらず、その素振りを見せないところに凄さを見いだしていた。

【注釈】

注1）山古志闘牛会の会計は、興行部門と飼育部門とに分かれており、興行部門については、山古志闘牛会の設立後、当分の間は石井秀次さんが担ってきたが、石井秀次さんが山古志木籠ふるさと会の事務局長を務めるようになり関静子さんに交代してから10年近くになる。

6.3　山古志木籠ふるさと会と山古志闘牛会の 陰の功労者、石井秀次さん

　山古志木籠ふるさと会の前身となったマリの会の立ち上げのきっかけ は、映画撮影のボランティアとして参加し、2007 年 5 月の山古志闘牛 場での清掃後、治二さんに木籠集落の様子を見に行くから着いてこない かと誘われたことだった。その日は電気の配線工事が予定されており、 電気が通っているかを木籠集落の諏訪神社で確認することが目的で、木 籠を実際に目にするのはこれが初めてだった。治二さんに田植えなどに 誘われるうちに、これまで続いてきた。

　東京都に生まれ育ち、東京都の会社に勤めていたが、40 代で新潟県 に転勤になり、中間管理職として土日もなく働いていた。地域の活動な どには参加できていなかったため、仲間がいなかったが、山古志木籠ふ るさと会に来ると、仲間がいるという感じが今日まで事務局を続けてき た理由である。60 歳定年で 2 年経ったときに映画撮影のボランティア に参加し、時間があったことも理由としてある。2023 年の春に実行委 員になった 2 名に事務局を引き継ぎたいが、今のところは難しい。

　山古志闘牛会との関わりは、第三セクターの山古志観光開発公社が 担っていたあまやち会館、古志高原スキー場、闘牛部門のうち、闘牛部 門で役員として入ったのが最初である。第三セクターのため、役所の面 接も受け、事務方を 2 年間、給料をもらっていた。闘牛場の駐車場整理 の手伝いをするようになったのもこのときからだった。闘牛部門が独立 するにあたり、山古志闘牛会の立ち上げ準備にも関わった。

闘牛場の駐車場整埋を続けてきた理由は、第5章の通りである。

第7章
山古志小中学校の学区外就学特例校化と寮の整備に関する提案

7.1　山古志小中学校の学区外就学特例校化に関する提案

　中越地震前に 2,200 人ほどだった人口は、2023 年時点で 800 人を切るまでに減少した。高齢化率は 6 割ほどになり、山古志に唯一ある山古志小中学校では、全校生徒数が小学生は 10 名ほど、中学生も 10 名程度になっている。こうしたなかで、長岡市は中越地震後に災害公営住宅として整備された公営住宅に空き家が出ていることを活用してお試し移住体験を 2022 年末から順次進めている。Nishikigoi NFT の発行によるデジタル村民はリアル村民数を超え、NFT ホルダーは 1,000 名を超すほどになっている。1 人で複数の NFT を保有している場合もあるため、実際のデジタル村民数はこれよりは少ないと考えられるが、デジタル村民が企画するプロジェクトも進行中であり、むらづくりへの貢献が期待される。その一つとして、40 代を中心とした子育て世代 10 名ほどで構成される「小さな山古志楽舎」が活動していくうえでの拠点整備として、空き家となった古民家をリノベーションする構想がある。

　こうした拠点整備を例として考えたとき、たとえば山古志小中学校を学区外就学特例校として位置付け直し、長岡市内の児童・生徒が寮生活を送れる拠点整備を提案したい。山古志に隣接する長岡市太田地区にある太田小中学校は長岡市の学区外就学特例校として位置付けられており [1]、長岡市内の小中学校に馴染めない児童が地元の児童とともに学んでいる [2]。とくに畑作業や自然体験を通して地域住民とも触れ合い、他者に対して自らの意見を述べることができるコミュニケーション能力を

高めているとのことである。新潟大学の実習バスの運転手によると、太
田小中学校は教育学部が頻繁にバスで訪れている先進事例であるとい
う。「隣接地区それぞれに学区外就学特例校は不要」という声も想定さ
れるが、自然が豊かであり、地域住民の温かな声掛けや働きかけがある
地域でありながら、人口減少、とくに子どもの数が少ないために地域の
存続が危ぶまれていることに対し、地方自治体は自身の存続のためにも
本腰を入れたほうがよいように思われる。

【引用文献】

1）長岡市：小・中学校の学区外就学, https://www.city.nagaoka.niigata.jp/
　kosodate/cate03/tetsuduki/gakkugai.html（参照 2023 年 6 月 30 日）

2）長岡市立太田小中学校：長岡市立太田小中学校, https://www.kome100.ne.jp/
　ohta-jhs/（参照 2023 年 6 月 30 日）

7.2 寮整備に関する提案

7.2.1 候補施設に関する提案

　冬期間、例年であれば 12 月から 3 月は豪雪に閉ざされる山古志において、長岡市内から毎日登校することは現実的には難しい。そうであれば、山古志のなかに寮生活が送れる拠点も整備することがよいのではないだろうか。拠点としては、小さな山古志楽舎の拠点整備のように、空き家となった古民家のリノベーションのほか、公営住宅の活用、さらには、福祉施設「なごみ苑」の活用も考えられる。地域委員会の議事録[1]によれば、なごみ苑の利用頻度が低いため、活用方法の検討を要望する声が出ている。宮崎駿は養老孟司との対談集[2]において、ホスピスに保育所を併設して高齢者と未就学児がともに過ごすことの重要性を説いていることからも、福祉施設において高齢者と児童・生徒がともに過ごすことが可能となれば望ましい。なごみ苑は、温浴施設の利用サービスを 2023 年 3 月までで廃止している。一方で、地域委員会の議事録[1]によれば、リハビリテーションを行えるようにしたり、診療所と併設したりするなどの活用案が提案されていることからもこうした活用案に一考の余地があると考えられる。

7.2.2　財源に関する提案

　財源は長岡市が主体となりながらも、NFT の売却利益の活用、クラ
ウドファンディングなどを利用した関連企業の協賛が有効と考えられ
る。関連企業の協賛の例として、新潟大学医歯学総合病院では、手術・
外来で入院・通院する患児の付き添いが必要な家族に対して、1 泊 1,000
円（患児は無料）で利用できる施設を 2022 年 10 月から開館している[3]。
この小児医療宿泊施設「ドナルド・マクドナルド・ハウス にいがた」は、
日本マクドナルドが CSR 活動として取り組んでいるものである。同企
業のほか、一般からの寄附も集めて運用されている。世界各地において
マクドナルド法人が運営を支援している同様の施設は、「2021 年 9 月現
在、45 の国と地域に 377 カ所開設」されている。国内では 12 カ所整備
されており、東京都に三つ、宮城県、大阪府、栃木県、北海道、愛知県、
福岡県、兵庫県、埼玉県、新潟県に一つずつである[4]。

7.2.3　スタッフ等に関する提案

　食事づくりや掃除等を賄うスタッフやボランティアの確保は、地域住
民を中心に、地域外住民も期待される。地域住民については、山古志に
ある古志高原スキー場の食堂は冬期間、地元の女性によって食事づくり
や掃除等が行われてきた。中越地震後に結成された「畑の学校」という
女性グループが、「ばくだん」と名付けられた肉団子汁を提供してきた。
「ばくだん」という名前は山古志小学生が命名したものであり、神楽
南蛮味噌入りの肉団子が入っていることが特徴である。高齢化に伴い現

在では「あまやち会館」の支配人が食堂の運営を継承している。あまやち会館とは、古志高原スキー場、闘牛場の整備とあわせた3本柱として山古志村が主導し、山古志観光開発公社が運営してきたものである。このうち、闘牛部門は2010年に独立して山古志闘牛会となった。

山古志かぐらなんばん保存会も担い手として期待される。当団体の構成員は、虫亀集落で神楽南蛮を加工・販売する会社や、各集落で畑作りに精を出す女性を中心としており、山古志中学生1年生の総合学習として取り組んでいる、神楽南蛮の栽培・販売にも長岡市山古志支所の産業建設課が仲介して協力している。40代の山古志出身者によると、当時は「給食のおばさん」がいたとのことであり、たとえば、虫亀集落で農家レストラン「多菜田」を中越地震後に開設した女性グループの主導者は、「給食のおばさん」をしていたとのことである。「多菜田」には40代と30代の女性スタッフも加わっている。これらのスタッフは、やまこし復興交流館おらたるのスタッフからの転向者や地域おこし協力隊としての参画者であり、前者は小さな山古志楽舎のメンバーとしても活動していることから、積極的関与が期待できる。

【引用文献】

1) 長岡市：令和4年度 第1回 山古志地域委員会, https://www.city.nagaoka. niigata.jp/shisei/cate06/yamakoshi/r04-gijiroku1.html（参照 2023 年 6 月 30 日）

2) 養老孟司, 宮崎　駿：虫眼とアニ眼, 新潮社, 192p.（2008）

3) 新潟大学：ドナルド・マクドナルド・ハウス にいがた（小児医療宿泊施設）への募金, https://www.niigata-u.ac.jp/university/donation/dmh-niigata/（参照 2023 年 6 月 30 日）

4) 公益財団法人ドナルド・マクドナルド・ハウス・チャリティーズ・ジャパン：ドナルド・マクドナルド・ハウスとは, https://www.dmhcj.or.jp/house/（参照2023年6月30日）

7.3　長島忠美復興副大臣の遺志

　地域外から児童・生徒を呼び込む案は、これが最初の案ではない。山
古志村村長だった長島忠美は衆議院議員となり復興副大臣を務めていた
際、高知市の小中一貫の義務教育学校である土佐山学舎において、英語
教育などに力を入れて高知市内の児童・生徒を呼び込み、中山間地域の
活性化につなげていることを知り、山古志でも同様の学校をつくりたい
と考えていた。

　山古志では、地域おこし協力隊に海外経験豊富な隊員を雇用するなど
して、児童・生徒の英語教育に力を入れているが、山古志小中学校を土
佐山学舎のような学区外就学特例校とする案は諸事情から実現していな
い。縦割り行政のもとで難しい面も多々あるとは予想されるが、冬期間
における登校手段の確保の成否は学区外就学特例校化の成否に直結する
と考えられるため、寮の整備の実現を強く提案したい。児童・生徒だけ
でなく家族も低料金で利用できることが可能になれば、関係人口の増加
や移住につながることが期待される。

　話は飛躍するが、コロナ禍で対面授業がなくなり、キャンパスから学
生が姿を消した新潟大学でも、心に問題を抱える学生が増加した。競争
にさらされる学校教育に馴染めない児童・生徒が、山古志住民の温かな
声掛けや働きかけ、四季の移ろいを感じられる豊かな自然環境のなかで、
のびのびとその個性を伸ばせる場ができれば、児童・生徒、その家族、
山古志住民の三方にとって望ましいものになるにちがいない。

7.4　米百俵の地・長岡から、次世代の育成を先導する

　牛の角突きに引き寄せて考えてみれば、闘牛大会のときに、闘牛太鼓を山古志小中学校の児童・生徒が佐渡を拠点とする太鼓芸能集団「鼓童」とコラボレーションしたり、児童・生徒が闘牛の引き回しをする際に解説者が「私たちの地域では、こうして親から子へ、子から孫へ、角突きが受け継がれていくのでございます」と解説したりしている。

　地域の伝統文化に触れ、それをきっかけとして一流の奏者と共演した経験は、幼い心に確かな種をまき、将来、直接・間接的に大きく花開くことと思われる。実際、中越地震の慰問公演に来た鼓童の演奏に感動し、太鼓奏者を目指しプロとして活躍している青年がいる。また、山古志の牛の角突きの顔と言えるほどの名解説を繰り広げている解説者は、小学生の頃から祖父に連れられて闘牛場を訪れていたことから牛が好きになり、「牛博士」と呼ばれ全国放送で紹介されたこともあるという。

　生きた学びの場を創出し、創造性豊かな子どもを育てることは、単に山古志の存続のためのみならず、日本全体の今後を左右することにつながると考えられる。「米百俵の精神」が今なお息づく長岡の地からその一歩を踏み出すことに大きな意義が見いだされる。

補　足

補足1　農業農村工学会誌「私のビジョン」：
農村の論理や知恵を読み解く

　最後に補足として、当方の目指してきた方向を「私のビジョン」として示したもの、また、「土のこえ」として寄稿した短編を掲載する。

I.　はじめに

　今や雑誌等のメディアでは40歳女性でも「女子」と喧伝される時代である。筆者はこの春40歳になったが、「女子」気分が抜けず、不惑を迎えたとは到底思えない、いや、思いたくない心境にある。しかし、いつまでもそうも言っていられないだろう。少しでも不惑の境地に近づくためには、これまでを振り返りこれからを見通すことが有効かもしれない。「私のビジョン」と銘打つには憚られる内容だが、おつきあいいただければ幸いである。

Ⅱ.　農村の歴史を紐解いて

1.　事例研究との出会い

　筆者は2年前の2012年4月から新潟大学で働き、主に農村計画学の授業を担当している。前任地の石川県立大学では灌漑排水学研究室に所属していたので、専門分野を変えたことになるが、聞き取りを中心としたフィールドワークに基づいて事例研究を行っているという点では博士

課程の頃から一貫している。

　事例研究の面白さに目覚めたのは、滋賀県湖北用水を対象として博士課程に行った研究からである。修士課程も終わりに差し掛かった頃、たまたま書店で手に取った嘉田由紀子氏の『生活世界の環境学』[1] にたちまちのうちに魅せられてしまった。閉鎖性水域の汚濁問題にアプローチするうえで、修士課程まで取り組んでいた農業用ため池の水質形成を分析するという自然科学的手法だけでなく、社会科学的手法で人の意識や社会制度に迫る方法もあるのだという事実に遅ればせながら気づき瞠目（どうもく）したことを思い出す。

(1) 滋賀県の平野部の農業用水

　湖北用水が水田だけでなく集落内にも網の目のように張り巡らされ、暮らしに溶け込んでいるさま（写真1〜3）は、長崎県でみかん畑に囲まれて育った筆者の目に新鮮に映り、今でもその輝きを失っていない。

湖北では、生活に密着した用水の利用だけでなく、「餅ノ井落し」[2] に代表される水利慣行からも、連綿と続いてきた歴史と人々の用水に対する思いに触れることができたように思う。

写真1　雨森集落の老人会による巧みな竹細工からは湖北用水への愛着を感じる
（2001年8月18日撮影）

写真2　湖北用水で鍋を洗うとさっぱりするという
（2001年5月16日撮影）

写真3　湖北用水路に雪を捨てる
（2000年2月16日撮影）

（2）　新潟県の山間部のため池

　前任地では石川県手取川七ヶ用水の研究に少し携わった後、2004年
新潟県中越地震で被災した養鯉池（写真4；錦鯉（写真5）を養殖する

ために野外に設けられた素掘りの池）に関する研究を行った。養鯉池の被災と復旧状況を整理するほかに、養鯉池の立地変遷を水利用技術との関連で捉えようと試みたのである。養鯉は水田上流部にある小さい農業用ため池を利用して細々と始まったが、米の生産調整政策を契機として水田が次々と養鯉池に転用された。さらには、漏水を抑える造成技術の発達によって積雪と雨水で用水を賄えるようになり、周りに集水域がない山頂部

写真4　水田から転用された養鯉池
（2008年7年9月撮影）

写真5　錦鯉の品評会では，体型，色彩，模様のほか，品位，風格も審査される（第41回全日本総合錦鯉品評会の大会総合優勝の紅白；2010年2月6日撮影）

にも立地するようになっている [3]。こうした立地変遷を知るにつけ、歴史的視点をもつことの大切さに気づかされる。地震復旧は短期的視点を免れない側面が大きいとはいえ、長期的視点に立った土地利用編成を取

り入れることができれば、養鯉池決壊による危険性を減らせるのではないかと考えさせられる。

2．農村計画研究への関わり

　これらの経験を通して筆者が胸に抱いていることが二つある。一つは、農村の良さを表現することであり、あと一つは、農村に伝わる慣習や知恵を生かした仕組みを考案することである。

（1）　農村の良さを表現する

　ひとことで「農村の良さ」と言ってしまえばおしまいだが、農村には尽きない魅力があるように思う。筆者のエピソードを紐解くだけでも紙面に収まらないほどある。たとえば、養鯉業者への聞き取りに研究チームで訪れたときのこと。約束の時間まで間があったため、自動車で金倉山の頂上を目指したが、折からの雨で視界が悪く脱輪してしまった。仕方なく養鯉業者に連絡すると、ほぼ初対面にもかかわらず、軽トラで駆けつけ、手早くロープを掛けて引っ張り上げてくれたのである。こちらの社会的立場を割り引いても初対面の相手にそこまでする義理はなく、一蹴されてもおかしくないところである。しかも、その手さばきは養鯉業や牛の角突き（写真6）で培ったとみられるプロの仕事で、日頃から自然を相手にしている匠の技を目の当たりにした瞬間であった。こうした心意気だけでなく、心の温かさに触れることも多い。とくに学生の頃は、聞き取りの帰りはリュックサックが野菜でいっぱいということも多々あったし、家々でお茶を勧められた挙げ句にトイレを探して右往左往することもしばしばだった。自らを省みてこのような心持ちに普段なれていないだけに、その尊さが一層感じられる。「かんじんなことは、

写真6　南総里見八犬伝にも綴られた山古志郷の牛の角突き
（2009年5月4日撮影）

目には見えない」とは『星の王子さま』[4]の一節だが、ここには間違いなく農村が誇れる「良さ」がある。こうした心持ちを下支えしているものが何なのか、農業水利や土地利用を通して表現できれば嬉しいと思う。

(2)　農村に伝わる慣習や知恵を生かした仕組みを考案する

　暮らしに溶け込んでいる湖北用水にしても、養鯉池を含む山古志郷の箱庭のような景観（写真7）にしても、農村を構成している要素にはことごとく人の手が入り、住民には「自分たちが管理している」すなわち「自分たちのもの」という意識が強いように思う。人通りの少ない空き地だと思って自転車をとめていても、後で「あそこにとめていたね」と声を掛けられるなど、集落を歩けば必ず誰かに見られている。都市で生活している者には薄い領土意識が農村生活者には色濃くあるようである。そういう領土意識、管理意識は一面で農村生活の息苦しさにつながる反面、手入れの行き届いた農村景観を形成してきた側面がある。筆者の理解では、こうした意識が薄れてきている背景を補う意味合いもあるのが旧農地・水・環境保全向上対策であり、農村に伝わる慣習を社会制度の枠に取り込んだ例であると捉えている。明文化されていない農村生活者

の論理や知恵を読み解き、農村計画のなかに位置付けていくことができれば、より新たな展開が期待できるのではないかと考えている。

写真7　金倉山からみた山古志郷の箱庭のような景観
（2012年11月13日撮影）

Ⅲ．アカデミックな学風を求めて

　今、自分が講義する立場になって思い返すのは、学生時代のことである。フロイトやラカンの精神分析、ルソーの『エミール』教育論、恋川春町『金々先生栄花夢（きんきんせんせいえいがのゆめ）』の草双紙、ジェンダーの社会学、分子生物学などに関する一般教養の講義は、今では記憶もおぼろげで、だからといって当時理解できていたわけでもないが、新しい世界、価値観への扉を開けてくれたように思う。その内容の面白さもさることながら、とくに印象に残っているのは、どの先生も悦に入って話していたということだ。嚙み砕き分かりやすく教えるという点では必ずしも十分ではなかったかもしれない。しかし、自分には理解できない細部に至るまで実に楽しそうに語る姿に、「この先生には私の見えない世界が見えている。どうしてこんなことに疑問を持ち、探求できるのだろう」という畏敬に似た気持ちと、深淵を覗き見る愉悦への憧れを抱いた。

　「面白い」「好きだ」と思えることを突き詰めることを許してくれる自由さは、研究室に入ってからもあったように思う。所属先の水環境工学研究室では、水文学、灌漑排水学、土壌物理学を基礎としていたが、筆者のようなテーマも受け入れる寛容さがあった。しかも博士課程からのテーマ変更を聞き入れてくださったことの意味を慮^{おもんぱか}るに、筆者はまだ卒論・修論のテーマを用意するだけの身だが、先生方の胸中が察せられ一層感謝の念が湧いてくる。また、机を並べた仲間からは「エスノロジー」「フォークロア」「宮本常一」といった数々を知り、知的好奇心をそそられた。湖北の農家に住み込んでの参与調査を勧めてくれたのも先輩であった。

　このようなアカデミックさ、自由闊達^{かったつ}さを、講義や研究室運営で目指していければいいと思う。

Ⅳ． おわりに

　最後に筆者のささやかな夢を披瀝^{ひれき}して終わろうと思う。それは、『星の王子さま』のような児童書や『生活世界の環境学』のような一般書を記すことである。日本農村の文化・伝統・風土を通じて私なりの人間考究を届けられれば幸せだと思う。

　そのためには、これまでにも増して多くの人に出会い経験を積んで、仮説と検証を繰り返さなければならない。そうした老成だけでなく、雪に映える夕焼けや緑萌える春の息吹に打ち震える心を失いたくない。「不惑」の境地と「女子」の瑞々しさや潤いを持ち合わせたいものだと切に願う今日この頃である。

【引用文献】

1) 嘉田由紀子：生活世界の環境学－琵琶湖からのメッセージ－，農山漁村文化協会，320p.（1995）

2) 野口寧代，堀野治彦，三野　徹：滋賀県新湖北農業水利事業にみる“人と水のかかわり”，農業土木学会誌 69（2），pp.155 ～ 161（2001）

3) 坂田寧代，有田博之，森下一男，吉川夏樹：中越地域における養鯉池の立地変遷と水利用技術，農業農村工学会論文集 276，pp.37 ～ 44（2011）

4) サン＝テグジュペリ（内藤　濯 訳）：星の王子さま，岩波少年文庫，p.127（2000）

補足2　農村計画学会誌「土のこえ」：瞽女と博労の旅路に思いを馳せて

　新潟県の農山村で聞き取りをしていると、「昔は瞽女さんの唄が何よりの楽しみだった」という話を聞く。瞽女とは農山村を渡り歩き三味線や唄を披露して生計を立てる視覚障害の女性たちを指す。視力が残っている女性を先頭に村から村へ1日に何十キロの道のりを歩いて移動し、1年のうちの300日余りを旅の空の下に過ごした。高度経済成長期以降、テレビなどの娯楽の登場や、道路が舗装され自動車が行き交うようになって道中が危険になり、廃業が進んだという。今では瞽女唄のみが瞽女唄継承者によって継承されている。

　こうした瞽女に関する資料は上越市にある「瞽女ミュージアム高田」で展示されている。展示の中でひときわ目を引くのは画家・斎藤真一の「越後瞽女日記」の原画コレクションだ。筆者は鮮烈な赤に彩られた女性たちに見覚えがあった。滋賀県湖北地方の地域用水を調査していた院生のときに読んだ水上勉の『湖の琴』[1]のカバーに同じ赤い女性がいた。余呉湖や京都を舞台に男女の悲恋を題材としたこの作品にも農村女性の哀しみや力強さが描かれていた。

　斎藤が瞽女を知ったきっかけは渡仏中にレオナルド・フジタ（藤田嗣治）に東北行きを勧められ、津軽で津軽三味線のルーツが越後瞽女にあると聞き及んだことにあるという[2]。斎藤は「乳白色の地肌」などでまとめられるフジタ論に小さな反発を感じてフジタのなかに「根っからのヒューマニズム」を見いだしているが[2]、自身もそうした視点から農村

女性を捉えたかったのかもしれない。

　さて、新潟、東北の山々を歩いたのは瞽女だけではない。南部岩手の産地から鉄や牛を運んで売り歩いた博労もそうである。何百キロもの道のりを牛の隊列を率いて歩いたが、モータリゼーションが進んでからはトラックでの輸送となった。2004年新潟県中越地震では、牛がコンテナに積まれヘリコプターに吊り下げられて救出される様子が報道されたが、この救出に先だって徒歩による救出劇があった。先導した旧 山古志村の故 松井治二氏は岩手から新潟や東京市場に牛をトラックで夜を徹して運ぶ生活を若い頃から続けていた。同氏は「昔の人は険しい山道を牛を引いて歩いたんだ。俺たちにもできないことはない」と仲間を励まし救出を成功に導いた。ただの山道ですら危険なところ、余震の続く道なき夜道をである。

　肉牛とともに救出された角突き牛は伝統行事「牛の角突き」の復活の核となった。このときの一頭は同氏が会長を務めた山古志闘牛会によって「天の風 浜街道」号と名付けられ、東日本大震災後に長岡市内に避難していた福島県南相馬市の住民に贈られた。南相馬市の住民からは桜の苗木が返礼として贈られるなど、被災地間交流が続いている。

　2018年は「牛の角突きの習俗」が1978年に国の重要無形民俗文化財に指定されてから40周年を迎える。高度経済成長期以降、農機具の普及により牛が農耕用に使われなくなり角突きも廃れようとしていたが、若き同氏が中心になって復活に導き、このときの経験が自信となって中越地震後の再興につながったという。今では山古志の住民や出身者だけでなく、他地域の住民もオーナーに迎えて共に運営を行っている。同様に都市住民を巻き込んで農村振興を図る形として、同氏が区長を務めた木籠集落には「山古志木籠ふるさと会」が結成され、集落住民も都市住

民も対等な関係性を築いて行事を楽しんでいる。活動拠点である直売所・震災資料館の郷見庵<ruby>郷見庵<rt>さとみあん</rt></ruby>では女性会員が中心になって訪れる人びとを温かくもてなしている。

　これからの季節、爽やかな風が吹き抜けるなか、ブナ林に囲まれた山古志闘牛場で観戦に興じるのも乙なものである。そのときは山々に広がる棚田と紅白の錦鯉が悠々と泳ぐ棚池にも目を遣ってみたい。きっと土のこえが聞こえてくるにちがいない。

【引用文献】

1）水上　勉：湖の琴，角川書店（文庫版），428p.（1968）

2）斎藤真一：斎藤真一さすらい記－なつかしき故里をもとめて－，朱雀院，159p.（2003）

あとがき

　川底に落ちたのは一瞬の出来事で、川底に打ち付けられたとき背骨に稲妻が走ったように感じ、「これはただごとでは済まないな」と思った。まったく動かなくなった足を目で確認しながらどうすることもできず、救急車を呼んでもらうなか、澄み切った夕暮れ時の青空をただ見つめていた。雪原の斜面を大人数の救急隊員に担架で運ばれ、救急車に乗り込む際、「先生、大丈夫だからね」とのキミさんの心強い言葉に励まされながらも、その背後にそびえ立つ杉の木立が自らの行く手を暗示しているように感じていた。

　長岡市山古志支所・やまこし復興交流館おらたるの前に降り立ったドクターヘリに移され、あっという間に三次救急病院に搬送された。幸い、深夜に背骨の固定術を受けることができた。週明けには執刀医から「どこまで回復するかは落ちたときの衝撃で決まっています」と説明を受けた。さらに術後1週間ほど経った頃、かすかにしか動かない足を前に、「これから先は車椅子生活になるかもね」と断定を避けた告知を受けた。予想通りとはいえ受け容れがたい現実を前にして、半ば呆然としながらも「そんなはずはない」と思いながら、職場や卒論生に病室から謝りの電話をかけていた。コロナ禍のため家族にすら面会が制限されるなか、長崎県から駆けつけた高齢の両親との面会が、術後数日して5分間だけ許された。自分では足先を動かし笑顔を向けたつもりだったが、リクライニングソファ型の車椅子に乗せられてきた姿を見て、「一生寝たきりに

なると覚悟していた」と後日聞いた。齢50になろうかという身で、周囲に多大な心配をかけてしまった不肖を悔いるばかりである。

　三次救急病院で1カ月弱、リハビリ加療のため転院した二次救急病院で2カ月ほどを過ごし、山古志の借家に戻った。山古志では闘牛大会のたびに山古志闘牛会の方から、また、郷見庵に集う山古志木籠ふるさと会の方から、ユーモアを交えた温かい言葉をさりげなく掛けていただき、四季の移ろいを感じながら過ごすことができた。あれから1年数カ月経ち、杖で歩行できるようになり、背骨を固定していたスクリューの抜去手術も無事に終わった今、思い返されるのは、松井治二さんの「人とのつながりが一番大切だと思っている」という言葉である。

　それは、岩手などから導入した肉用牛や闘牛を山古志を中心に売り歩く家畜商・仲買人という職業柄の言葉だったかもしれないし、中越地震の被災後に全国から支援を受けるなかでの経験に基づく言葉だったかもしれない。脊髄損傷による後遺症にくじけそうなとき、ふと我に返って自身の置かれた状況を噛み締めるとき、その時々で山古志の人びとをはじめ、周囲から掛けてもらった言葉を思い出し、救われてきた。

　「生かされている」「感謝の思い」「恩返し」は、被災地研究のなかでたびたび耳にしてきた言葉だが、生かされたチャンスを無駄にせず、感謝の思いをもって、恩返しできるように今後も仕事を続けていくことができれば幸いである。最後に、再び、松井治二さんの言葉を記して締めくくりたい。

「（多くのものを失っても）やれることは幸せですよ」

　2023年　復興祈願花火フェニックスの打ち上がる長岡大花火の日に

補　遺

　2024年元日に発生した令和6年能登半島地震で命を落とされた方々のご冥福をお祈りするばかりである。

　筆者は大阪のホテルに滞在中、長い振動を感じた。大津波警報が発令され高台への避難が繰り返し呼びかけられていた。続いて、家屋倒壊や火災被害、懸命な救助活動が報じられた。数日経っても、水も食料も燃料も、救援物資がなかなか到着しない厳寒の避難所の様子に、もどかしさがつのった。時々刻々と明らかになる被害の全貌に胸が痛んだ。
　能登半島は山古志と同様に人口減少・高齢化が顕著な農村地域であり、社会インフラなどの面では生活が不便な地である。地震が拍車をかけ、人口減少・高齢化が今後いっそう進むかもしれないが、元の地に戻って生活を続けたいと望む人がいる限り、応援できる私たちでありたい。

　「明日は今日より良くなる」という希望があってこそ、人は困難を乗り越えることができるのかもしれない。山古志の歩んできた道のりが能登半島の希望の光となることを祈って。

2024年1月5日　長岡にて

初出一覧

■まえがき
書き下ろし。

■第1章
坂田寧代（2022,4）：コロナ禍に山古志への移住で考えた農業農村整備，農業農村工学会誌，第90巻第4号，pp.15-18.

坂田寧代（印刷中）：私のビジョン　障害受容を通して感じた農村の包摂と安寧，農業農村工学会誌，第92巻第3号，頁未定.

■第2章
坂田寧代（2019,6）：農村伝承文化を通じた災害復興における社会集団の編成 − 2004年新潟県中越地震を事例として−，農業農村工学会論文集，No. 308（87-1），pp. I_99-I_104.

（上記の一部は，「渡邉紹裕・星野敏・清水夏樹 編著（2020年4月5日）：シリーズ〈地域環境工学〉農村地域計画学，朝倉書店，ISBN978-4-254-44503-9」に分担執筆した「第14章　農村定住と生活拠点」のうち、pp.185-189にも掲載）

■第3章
坂田寧代（2014,3）：伝統行事を介した震災復興のコミュニティ再編，

農業農村工学会誌, 第82巻第3号, pp.15-18.

坂田寧代 (2014,10)：震災復興のコミュニティ再編における外部者の編入, 農業農村工学会誌, 第82巻第10号, pp.27-30.

坂田寧代 (2017,1)：都市農村交流団体の会員特性からみた持続要因, 農業農村工学会誌, 第85巻第1号, pp.23-26.

坂田寧代 (2019,8)：都市住民と協働した農村地域における災害復興モデル－2004年新潟県中越地震を契機とした山古志木籠ふるさと会を事例として－, 農業農村工学会論文集, No. 309 (87-2), pp. II_93-II_98.

■第4章
山古志木籠ふるさと会 (2021年9月5日発行：第46号) 発行
山古志木籠ふるさと会 (2021年12月1日発行：第47号) 発行
山古志木籠ふるさと会 (2022年3月5日発行：第48号) 発行
山古志木籠ふるさと会 (2022年9月4日発行：第50号) 発行
山古志木籠ふるさと会 (2022年12月4日発行：第51号) 発行
山古志木籠ふるさと会 (2023年9月発行予定：第54号) 発行予定

■第5章
坂田寧代, 藤中千愛, 落合基継 (2017,1)：伝統行事「牛の角突き」復活後の地域外者の地域への参画, 農業農村工学会誌, 第85巻第1号, pp.43-46.

書き下ろし。

■第6章
書き下ろし。

■第7章
書き下ろし。

■補足
坂田寧代（2014,6）：私のビジョン　農村の論理や知恵を読み解く，農業農村工学会誌，第82巻第6号，pp.38-40.

坂田寧代（2018,6）：「土のこえ」瞽女と博労の旅路に思いを馳せて，農村計画学会誌，第37巻第1号，pp.2-3.

■あとがき
書き下ろし。

■補遺
書き下ろし。

　まえがき、第5章の一部、第6章、第7章、あとがき、補遺は、書き下ろしである。なお、第5章第1節は、藤中千愛氏、落合基継氏との共同研究によるものである。また、単著論文であっても、卒論生とともに現地を歩き、議論を重ねたものである。心より御礼申し上げます。

著者紹介

坂田 寧代（さかた やすよ）

1974 年、大阪府豊中市に生まれる。長崎県長与町に育つ。
2002 年、博士（農学）（京都大学、農博第 1286 号）の学位を取得。
日本学術振興会特別研究員、（財）日本グラウンドワーク協会、
石川県農業短期大学、石川県立大学を経て、
2012 年、新潟大学農学部准教授、現在に至る。

2023 年 7 月 17 日（月・祝）、長岡駅にて
姪のみっちゃん描画

山古志の心にふれる
2004 年新潟県中越地震から 20 年を前に脊髄損傷になった
フィールドワーカーの視点

2024（令和 6）年 3 月31日　初版第 1 刷発行

著　者　坂田 寧代

発　売　新潟日報メディアネット
【出版グループ】
〒950-1125
新潟市西区流通3丁目1番1号
TEL 025-383-8020　FAX 025-383-8028
https://www.niigata-mn.co.jp

印刷・製本　株式会社 小 田